HOW TO USE THIS BOOK

When you are looking for a possible translation of a word try to check the part of speech, eg noun or verb. You should also be wary of 'fixed phrases' or standard business phrases. You may not be able to understand these by translating individual words. You will find standard or fixed phrases listed under one of the key words they contain, eg

échange *nm* **de documents informatisés**, EDI, Electronic Data Interchange

Be careful to check the gender of any noun you are looking up. The meaning of a word in a foreign language can vary considerably according to its gender. In French

le *poste* means a post (of employment, a job), a position

la *poste* means the post office, the postal service

In the same way, the meaning of a word can vary according to the part of speech

adjective *un attaché commercial*, a commercial attaché

noun *un commercial*, a salesman

The English to French section of the book offers a safe, general purpose business translation for words used in business activities. The French to English section of the book offe~~~~~~~~~ or general translation of common w~~~~ in business French. use of a term or w~~~

back *vb* **1** (support) sou~~~~~ ~~vb. 3~~ (written guarantee) avaliser *vb*; ~~the b~~... **backed by** ..., la traite a été avalisée par ...

biens immobiliers (balance sheet), fixed assets

How to use this book

Be wary of using the translation out of the context indicated. A word may have many special meanings according to the context of use and you may have to consult a comprehensive business dictionary to find an unusual or very specialised meaning of a word.

Where a word has more than one common meaning in business these meanings are indicated by the use of numbers **1**, **2**, **3**, etc . To help make these different meanings clear the common area of use is indicated in brackets.   Here are some of the abbreviations used:

accounts	balance sheets and management or general accounts
comp	business computer use
cv	curriculum vitae, job application
eng	engineering
fin	finance, banking, accounting etc
gen	general, meaning in general use
imp/exp	import/export
ins	insurance
law	law and legal documents
mktg,sales	marketing and sales
offce	office
pers	personnel administration and human resources management
t+d	transport and distribution

Occasionally other indicators are used to make the context of use clearer eg (figures), (correspondence).

The following grammatical abbreviations are used:

adv	adverb
adj	adjective
vb	verb
n	noun
nf	feminine noun (*la*, *l'* or *une*)
nfpl	plural feminine noun (*les* or *des*)
nm	masculine noun (*le*, *l'*, or *un*)
nmpl	plural masculine noun (*les* or *des*)
prep	preposition
conj	conjunction

Symbols

≈ occasionally it is not possible to find an exact translation or equivalent for a word or phrase in another language.   Similarly it can be difficult to find an exact equivalent for certain official organisations or institutions.   In all these cases the symbol ≈ is used to indicate 'roughly equal to, roughly the same as'.

'   ' indicates a word or phrase which is used more in speaking than in formal writing, or something which is commonly used in French but is often considered not to be good French, eg pie chart, 'camembert' *nm*.

A 'recommended term' in French is one which is recommended for use by the Délégation Générale à la Langue Française.

FRENCH — ENGLISH

4 A, les 4 A, Anecdote, Affectivité, Argent, Agression (mktg), 4 A, the four A's

abaisser *vb* lower *vb*; **abaisser les prix**, lower prices

abandonner *vb*, abandon *vb*, scrap *vb* (plan, product)

abattement *nm* **d'impôt** (fin), tax relief, tax reduction

abîmer *vb*, spoil *vb* (affect quality); **les marchandises ont été abîmées par l'humidité**, the goods have been spoiled by the damp

abonné (-ée) *nm/f*, subscriber *n*

abonner, s'abonner *vb* **à ...**, subscribe *vb* to ...

aborder *vb* **un problème**, address *vb* a problem

abri *nm*, shelter, protection; **tenir à l'abri de ...**, keep away from ...

absentéisme *nm* (pers), absenteeism

absorption *nf* **d'entreprises** (fin), takeover, acquisition

abus *nm* (machines), misuse *n*; **abus de confiance**, abuse of confidence

accéder *vb* **à ...** (comp), access ...*vb*

accélérer *vb*, accelerate *vb*, speed *vb* up

acceptable *adj*, acceptable *adj*

acceptation *nf*, acceptance *n*; **acceptation sous réserve**, qualified acceptance

accepter *vb*, accept *vb*

accès *nm*, access *n*; **avoir** *vb* **accès au réseau** (comp), access *vb* the network

accessoires *nmpl*, accessories *npl*; **accessoires auto**, car accessories

accident *nm*, accident *n*

accompagné de ..., accompanied by ...

accompagner *vb*, accompany *vb*

accomplir *vb* **1** (gen) carry *vb* out. **2** (law) complete *vb* (formalities); **accomplir les formalités**, complete the formalities

accord *nm* **1** agreement *n*; **accord à l'amiable**, mutual agreement (private contract); **accord de compensation** (imp/exp), barter trade (agreement), countertrade *n*; **accord salarial**, wage agreement; **2 d'accord**, agreed; **être** *vb* **d'accord**, to be *vb* in agreement; **se mettre** *vb* **d'accord**, agree *vb* to, reach *vb* agreement; **tomber** *vb* **d'accord**, agree *vb* (to come to agreement)

accorder *vb*, grant *vb*

accoster *vb*, dock *vb*

accroche *nf* (mktg, sales), eyecatching advert *n*

accroissement *nm*, growth *n*, increase *n*

accroître *vb*, increase *vb*

accueil *nm* (hotels etc), reception *n*

accueillir *vb* (un visiteur), welcome *vb* (a visitor)

accuser *vb* (de) **1** (gen) accuse *vb* (of); **2** (results) register *vb*, show *vb*; **accuser une hausse / baisse de ...**, register *vb* a rise/fall of ...; **3** (correspondence) **accuser réception** (de ...), acknowledge *vb* receipt (of ...)

achat *nm*, purchase *n*; **achat groupé** (mktg, sales), package *n* (purchase of set of services or facilities from one vendor); **achat à tempérament**, HP, Hire Purchase; **le service des achats**, purchasing department; **achats en gros**, bulk buying *n*

acheminement *nm*, transit *n*; **en cours d'acheminement**, in transit; **acheminement des marchandises** (t+d), transport (of goods)

acheter *vb*, buy *vb*; **acheter sur crédit** (fin), buy *vb* on account

acheteur *nm*, buyer *n*; **être** *vb* **acheteur pour ...**, be *vb* in the market for ...

achever, s'achever *vb*, end *vb* (to come to the end)

achever *vb*, complete *vb*, finish *vb* off

acier *nm*, steel *n*; **acier laminé**, rolled steel

acompte *nm* (fin), advance *n*

acquéreur *nm* (property), buyer *n*

acquérir *vb*, gain *vb*, acquire *vb*

acquit, à l'acquit de (fin), o/a, on account of

acquitter *vb* (fin), pay *vb*; **facture acquittée**, invoice paid; **acquitter les droits**, pay duty

acte *nm* (law), deed *n*; **acte de vente**, bill of sale

actif *nm* (fin), assets *npl*; **actif circulant**, current assets *npl* ; **actif disponible**, current assets *npl*; **actif incorporel**, intangible assets, ≈ goodwill *n*; **actif réalisable**, current assets *npl*

action *nf* **1** (gen) action *n*. **2** (fin) share *n*; **action différée** (fin), deferred share; **action privilégiée** (fin), preference share

actionnaire *nm*, shareholder *n*

activité *nf* **principale**, main activity (of company)

activité professionnelle (pers), professional experience

activités *nfpl* (d'une société), operations *npl* (of company)

actualité *nf*, current events

actualités, 'Les actualités' *nfpl,* 'The News'

actuel (-le) *adj*, present *adj*

actuellement *adv*, at present, currently *adv*

adapter *vb*, adapt *vb*; **adapter en fonction de ...**, tailor *vb* to

additionner *vb*, add *vb* up

adhérent *nm*, member *n*

adjoint *nm*, deputy *n*; **directeur adjoint**, deputy manager, assistant manager

adjudication, par adjudication (mktg, sales), by tender

admettre *vb*, admit *vb*

administrateur *nm* **délégué**, ≈ managing director

administrateur *nm* **judiciaire** (law, fin), receiver *n*

administration *nf*, administration *n*

adopter, faire *vb* **adopter une nouvelle idée**, have *vb* a new idea accepted/adopted

adresse *nf* **personnelle**, home address *n*

adresse *nf* **télégraphique**, telegraphic address *n*

adresser *vb*, address *vb*

aérienne, envoyer *vb* **par voie aérienne** (t+d), airfreight *vb*

aérogare *nf* airport terminal *n*

aéroport *nm*, airport *n*

aéroglisseur *nm* (t+d), hovercraft *n*

AF, allocations familiales, family allowance

affaiblir *vb*, weaken *vb*

affaire *nf* (crime, problem), case *n*; **une bonne affaire**, a bargain; **faire** *vb* **affaire**, do *vb* a deal, do *vb* business

affaires *nfpl*, business *n*; **femme** *nf* **d'affaires**, businesswoman *n*; **homme** *nm* **d'affaires**, businessman n; **voyage** nm **d'affaires**, business trip; **faire** vb **des affaires avec ...**, do vb business with ...

s'affaisser vb, (shelves, materials), sag vb

affecté, être vb **affecté par ...**, be vb hit by, be vb affected by ...

affecter vb, affect vb

affiche nf, poster n, notice n

afficher vb, display vb, declare vb (eg result)

affranchi(-e) adj, stamped adj (franked)

affranchir vb, stamp vb, frank vb

affranchissement nm, postage n

affrètement nm (t+d), charter n; **affrètement à temps**, time charter

affréter vb (t+d), charter vb

afin de ... prep, in order to ... prep

afin que ... conj, in order that ... prep

AFNOR, Association Française de Normalisation, ≈ BSI, British Standards Institution

AFP, Agence France Presse, French press agency

AG, Assemblée nf **Générale (annuelle)**, AGM, Annual General Meeting

agence nf, agency n; **agence** nf **de voyage**, travel agency

agencement nm, general organisation (of office, shop), layout n, fitting n; **agencement de magasins**, shopfitting

agenda nm, diary n; **agenda** nm **à feuilles mobiles**, personal organiser (paper-based)

agent nm **de change**, stockbroker n

agent nm **de maîtrise**, supervisor n

agent nm **de voyages**, travel agent

agent nm **exclusif**, sole agent

agent nm **immobilier**, estate agent

agent nm **transitaire** (t+d), shipping agent

agent nm **publicitaire** nm, advertising agent

agglomération nf, built-up area

agios nmpl, bank charges

agir vb, act vb; **agir** vb **en qualité de ...**, act vb in the capacity of ...

s'agir de vb **1** be vb about; **il s'agit de la réunion du 15 mai**, it's about the meeting of 15 May. **2** be vb necessary to; **il s'agit de prendre des mesures énergiques**, we need to take stringent measures. **3** be vb a question of; **il s'agit de savoir ce qu'il va faire**, it's a question of knowing what he is going to do

agrafer vb, staple vb

agrafeuse nf, stapler n

agréable adj, pleasant adj

agréé (-e) adj, approved adj

aguiche nf (mktg, sales), teaser n

agroalimentaire, l'industrie nf **agroalimentaire**, food industry

aide nf, aid n; **à l'aide de ...**, using ..., with the help of ..., with the aid of ...; **aide** nf **financière**, financial assistance

aider vb, help vb

ailleurs adv, elsewhere adv

aimable adj, kind adj

ainsi adv, thus adv

aire nf **de repos**, ≈ picnic area

aire nf **de service**, service area

AITA, Association Internationale des Transports Aériens, IATA, International Air Travel Association

ajouter vb (à), add vb (to)

ajuster vb, adjust vb

alcootest nm, breathaliser n

alimentation *nf*, food *n*; **l'alimenta-tion**, the food industry; **le rayon alimentation**, the food department, food counter

alinéa *nm* (law), paragraph in legal document

allée *nf* **1** (gen) path *n*, drive *n*. **2** (between exhibition stands) walkway *n*

alléger *vb*, lighten *vb*

aller-retour *nm*, return fare

aller-simple *nm*, single fare

alliance *nf*, alliance *n*

s'allier *vb* (à), join *vb* forces with

allocation *nf* **chômage**, unemployment benefit

allumer *vb*, switch *vb* on; **allumez les phares**, switch on headlights

alors *adv*, so *adv*, then *adv*

amarrage, poste *nm* **d'amarrage**, berth *n* (harbour)

amarrer *vb*, berth *vb*

amélioration *nf*, improvement *n*

améliorer *vb*, improve *vb*

aménager *vb*, fit *vb* out

amende *nf* (law), fine *n*

amener *vb* **à ...**, lead *vb* to ...

amortir, *vb* **1** (gen) absorb *vb* (eg a blow). **2 s'amortir** (fin) pay *vb* for itself; **la machine s'amortira en deux ans**, the machine will pay for itself in 2 years

amortissement *nm* (accounts), depreciation *n*

amovible *adj*, removable *adj*

Amphi, amphithéâtre, lecture theatre

analyse *nf*, analysis *n*; **analyse des besoins**, needs analysis; **analyse du chemin critique**, critical path analysis; **analyse du marché**, market analysis

analyser *vb*, analyze *vb*

ancien (-ne) *adj*, past *adj*, former *adj*; **ancien directeur général**, former chairman

ancienneté *nf* (pers), seniority *n*, (years spent in company)

animateur *nm*, **animatrice** *nf*, animator *n*; **animateur de la force de vente** (pers), sales coordinator

animer *vb*, animate *vb*

année *nf*, year *n*; **année civile**, calendar year *n*; **année financière**, business year *vb* (fin); **année fiscale**, tax year *n*

annexe *adj*, related *adj*; **en annexe**, as an appendix, added to a document

annonce *nf* **1** advertisement. **2** news *n* (of something)

annoncer *vb* (un résultat), announce *vb*, declare *vb* (a result)

annonceur *nm*, advertiser *n*

annuaire *nm*, directory *n*

annuel (-le) *adj*, annual *adj*

annulation *nf*, cancellation *n* (reservations)

annuler *vb*, cancel *vb*

ANPE, Agence Nationale pour l'Emploi, state association which helps unemployed

AOC (wines), **Appellation d'Origine Contrôlée**, ≈ mark guaranteeing quality of wine

APE, code APE, code de l'activité professionnelle de l'entreprise, system of code numbers classifying companies by type of activity

APEC, Association pour l'Emploi des Cadres, state association which helps unemployed executives find work

appareil *nm*, machine *n*; **appareil ménager**, domestic appliance *n*; **appareil photo**, camera *n*

appareiller *vb*, depart *vb*, sail *vb* (leave port)

appartement *nm*, flat *n*

appartenir *vb* à, belong *vb* to

appel *nm* **1** (téléphonique) telephone call *n*. **2** (law) appeal; **faire** *vb* **appel** (contre), appeal *vb* (against). **3** call; **appel d'offres**, call for tenders; **faire** *vb* **appel à ...**, call *vb* on ..., call *vb* for ... (eg strike)

appeler *vb*, call *vb*

appliquer *vb*, apply *vb*

appoint, faire *vb* **l'appoint**, tender correct money

apprécier *vb*, value *vb* (appreciate), appreciate *vb*

apprendre *vb*, learn *vb*

approcher *vb* de, approach *vb*, near *vb*

approfondi (-e) *adj*, in-depth *adj*, thorough *adj*

approprié (-e) *adj*, appropriate *adj*, relevant *adj*

approuvé (-e) *adj*, approved *adj*

approvisionner *vb* (gen, fin), supply *vb*; **approvisionner un compte**, pay money into an account

approximativement *adv*, approximately *adv*

Appt, appartement *nm*, flat *n*

appuyer *vb*, support *vb*; **appuyer une proposition**, support a proposal

appuyer *vb* (sur/contre), press *vb*, lean *vb* against

après *prep*, after *prep*

après-vente *nf*, after-sales

arbitrage *nm* (pers), arbitration *n*

archives *nfpl*, records *n*

argument *nm*, argument *n*

arranger *vb* **1** arrange *vb*. **2** suit *vb*; **cela nous arrange**, it suits us

arrêt *nm*, stop *n*, stoppage *n*; **arrêt autobus**, bus stop; **arrêt facultatif**, request stop

arrêté *nm* (law), order *n*; **arrêté municipal** (law), by-law *n*

arrêter *vb* **s'arrêter** *vb*, stop *vb*

arrhes *nfpl*, deposit *n*

arriérés *nmpl*, arrears *n*

arrimer *vb*, stow *vb*

arrivée *nf*, arrival *n*

arriver *vb* (t+d) **1** arrive *vb*. **2** happen *vb*

article *nm* **1** (gen) item *n* (eg for sale); **article pilote**, loss leader *n*; **articles non commandés**, wrong items (=not ordered) *n*; **articles manquants**, missing articles *npl*. **2** (law) section of a law or contract. **3** article *n*; (piece of journalism); **article de fond**, feature article *n*; **article rédactionnel**, advertorial *n*

artificiel (-le) *adj*, artificial *adj*, man-made *adj*

artisan *nm*, craftsman *n*

artisanal *adj*, using traditional crafts, small-scale production; **zone d'activité artisanale**, ≈ small factory units, ≈ craft centre

ascenseur *nm*, lift *n*

ASSEDIC, Association, pour l'Emploi dans l'Industrie et le Commerce association established by law to administer unemployment benefits, L'ASSEDIC is financed by employer and employee contributions

assemblée *nf*, assembly *n*; **l'Assemblée**, ≈ the Commons

assesseur *nm* (ins), assessor *n*

assiette, l'assiette de l'impôt (fin), tax base

assignation *nf*, summons *n*

assigner *vb* **quelqu'un à comparaître** (law), summons *vb* someone (to appear)

assises *nfpl* (law), assizes *n*

assistant (-e) *nm/f*, assistant *n*

assisté de ..., assisted by ...

assister *vb* **à** (une réunion), be *vb* present at, take *vb* part in (a meeting)

association *nf* **de personnes**, partnership *n*

associé *nm* **principal**, senior partner

assorti (-e) *adj*, matched *adj*

assortir *vb*, match *vb* (eg colours)

assurance *nf* (ins), insurance *n*; **assurance au tiers, vol et incendie**, ≈ third party fire and theft; **assurance automobile**, motor insurance; **assurance maritime**, marine insurance; **assurance multirisques**, comprehensive insurance *n*; **assurance patronale contre les accidents du travail**, employer's liability insurance; **assurance tous risques**, comprehensive insurance; **assurance-vie** life insurance; **assurance de voyage**, travel insurance

assuré, l'assuré (-e) *nm/f* (ins), the insured

assurer *vb*, insure *vb*, ensure *vb*

atelier *nm*, studio *n*, workshop *n*

atout *nm*, asset *n*

attacher *vb* attach *vb*

attaquer, s'attaquer *vb* (à), tackle *vb* (eg problem)

atteindre *vb*, reach *vb* (eg a level); **atteindre le point mort**, break *vb* even; **atteindre un plateau**, level *vb* out, flatten *vb* out (trends, figures); **atteindre un sommet** (results), peak *vb*

attendre *vb* **1** wait *vb* for. **2** expect *vb*; **s'attendre** *vb* **à, nous nous attendons à ce que ...**, we expect that ...

attente *nf*, wait *n*, expectation *n*; **en**

attente, pending

atterrir *vb*, land *vb*

attirer *vb*, attract *vb*; **attirer les clients**, attract *vb* customers

attrayant (-e)*adj*, attractive *adj*

aucun(-e) *adj/pron*, no *adj*, none *pron*

au débarquement (imp/exp), X-ship, ex-ship

au-dessous de ... *prep*, below ... *prep*; **au-dessous du pair** (stock market), below par; **bien au-dessous ...**, well under

au-dessus de ... *adv /prep*, over ... *prep*, above ...; **à peine au-dessus de ...**, just over ...; **bien au-dessus ...**, well over ...; **au-dessus des objectifs**, over target; **au-dessus du pair** (stock market), above par

audience *nf* (law), hearing *n* (of case)

audiotypiste *nm/f*, audiotypist *n*

audit *nm*, audit *n*

augmentation *nf*, increase *n*; **nette augmentation** sharp rise; **augmentation des salaires**, wage increase

augmenter *vb*, increase *vb*; **augmenter de ...**, increase *vb* by ...

aussi *adv*, also *adv*

autocollant (-e) *adj*, self-adhesive, self-sealing

autocollant *nm*, sticky label

autocopiant (forms etc), self carboning

auto-financement *nm*, self-financing; **autofinancement prévisionnel**, cash flow projection

automobiliste *nm/f*, motorist *n*

autorisation *nf*, authorisation *n*, permission *n*; **recevoir** *vb* **l'autorisation**, receive permission, get the go-ahead

autoriser *vb* (à faire quelque chose), authorize *vb* (to do something)

autoroute *nf*, motorway *n*

autosuffisance *nf*, self-sufficiency *n*

autour de *prep* ..., around *prep* ...

autre *pron, adj*, other *pron, adj*

aux risques et périls du propriétaire (ins), OR, owner's risk

aux termes de ..., under the terms of ...

aval, donner *vb* **son aval** (fin), approve *vb*

avaliser *vb*, back *vb* (by written guarantee), endorse *vb*

avance *nf* lead *n*; **garder** *vb* **de l'avance sur** ..., keep *vb* ahead of ...

avant *adv*, before *adv*; **aller** *vb* **de l'avant**, get *vb* ahead

avantage *nm*, advantage *n*, benefit *n*; **avantages du produit**, product benefits; **avantages en nature** (pers), benefits in kind, fringe benefits

avarie *nf* (ins), damage *n*; **avec avarie particulière** (ins), WPA, wpa, with particular average; **franc d'avarie commune** (ins), fga, free of general average; **franc d'avarie particulière** (ins), fpa, free of particular average; **sans avarie** (ins), undamaged *adj*; **avarie commune** (ins), GA, ga, general average; **avarie grosse** (ins), GA, ga, general average; **avarie particulière** (ins), particular average; **franc d'avarie, franc de toute avarie** (ins), FAA, faa, free of all average

avenant *nm* (ins), additional clause

avertir *vb*, warn *vb*

avertissement *nm*, warning *n*

aviation *nf*, aviation *n*

avion *nm*, plane *n*; **prendre** *vb* **l'avion**, catch a plane

avis *nm* **1** opinion *n*. **2** notice *n*, warning *n*; **avis de crédit**, credit advice; **avis de paiement**, advice of payment; **avis de réception** (imp/exp), AR, advice of receipt

aviser *vb* **de** (formal, letters etc), advise *vb* of

avocat *nm* (law), barrister *n*; **avocat de la partie civile**, ≈ prosecuting counsel; **avocat de la défense** (law), counsel for the defense

avoir *vb* **lieu**, take *vb* place

avoir *vb* **pour but de** ..., aim *vb* to ...

avoir *vb* **tendance à** ..., tend *vb* to ...

avoisiner *vb*, approach *vb*, be *vb* in the neighbourhood of

avoué *nm* (law), solicitor *n*

axe, grand axe *nm*, trunk road, main road

B

BAB, bord à bord (imp/exp), FIO, free in and out

Bac, Baccalauréat *nm*, examination taken at 18, a pass giving right to go to university ≈ A/Advanced Level

bâche *nf*, tarpaulin *n*

bagages *nmpl*, luggage *n*; **enregistrer** *vb* **ses bagages**, check *vb* in

bail *nm*, lease *n*

bailleur *nm* **de fonds** (fin), financial backer, sleeping partner

baisse *nf*, decrease *n* (in value), fall *n*; **nette baisse** sharp fall; **être** *vb* **en baisse** (fin, results), be *vb* down, be *vb* declining; **tendance** *nf* **à la baisse**, downward trend; **baisse de prix**, price reduction; **baisse des commandes**, fall-off in orders

baisser *vb*, fall *vb*, ease *vb* (prices), lower *vb*; **baisser brutalement** (rates, sales etc), slump *vb*; **baisser** *vb* **de**, fall *vb* by; **baisser de ... à ...**, fall *vb* from ... to ...; **baisser les prix**, lower *vb* prices

baissier *nm* (stock market), bear *n*

baladeur *nm* (mktg, sales), walkman *n*

balance *nf* **commerciale**, trade balance

balle *nf* 1 (gen) ball. 2 (imp/exp), bale *n*

banlieue *nf*, suburb *n*

banque *nf*, bank *n*; **banque d'affaires**, merchant bank; **banque de détail** (fin), retail bank; **banque de données**, data bank

banqueroute *nf* (of company), failure

(implies irregular dealings)

bar *nm*, bar *n*

barème *nm* (des tarifs) (fin), scale *n* (of charges)

baril *nm* (oil), barrel *n*

barrer *vb*, cross *vb* out; **barrer un chèque**, cross *vb* a cheque

barres *nfpl*, columns *npl*

bas (se) *adj*, low *adj*; **plus bas que ...**, lower than ...

base *nf*, base *n*, basis *n*; **équipement de base**, basic equipment; **base de données**, data base

baser *vb* **sur ...**, base *vb* on ...

bateau *nm*, boat *n*

bâtiment *nm* 1 building n. 2 building industry

batterie *nf*, battery *n*

bazarette *nf* (mktg, sales), convenience store

Bd, boulevard

BDF, Banque *nf* **de France**, Bank of France

beau (belle)*adj*, pretty *adj*, beautiful *adj*, fine *adj*

beaucoup de ..., a lot of ...

BEI, Banque *nf* **Européene d'Investissement**, European Investment Bank

bénéfice *nm*, profit *n*; **bénéfice par action**, earnings per share; **bénéfice d'exploitation** (accounts), trading profit *n*, operating profit

bénéficiaire *nm* 1 (gen) beneficiary n. 2 payee *n*

bénéficier *vb* **de**, benefit *vb* from

BERD, Banque *nf* **Européene pour la Reconstruction et le Développement**, BERD, Bank for European Reconstruction and Development

besoin *nm*, need *n*; **les besoins du client**, the needs of the customer;

avoir vb **besoin de...**, need ... vb

BFCE, Banque nf **Française du Commerce Extérieur**, French export bank

bibliothèque nf, library n

bic nm, biro n

bidon nm, can; **un bidon d'huile**, a can of oil

bien que conj, although conj

biens nmpl, goods npl; **biens de consommation**, consumer goods; **biens de consommation courante**, FMCG, Fast Moving Consumer Goods; **biens de consommation durables**, consumer durables; **biens durables**, durable goods; **biens d'équipement**, capital goods; **biens immobiliers** (balance sheet), fixed assets; **biens de luxe**, luxury goods; **biens mobiliers**, personal property; **biens personnels** (customs), personal property

biffer vb (forms), strike out, cross out; **biffer la mention inutile**, strike out words which don't apply

bilan nm, balance sheet, financial statement; **déposer** vb **son bilan**, cease vb trading, 'go vb bust'

billet nm **1** (de banque) banknote n; **billet vert** (fin), the dollar. **billet à ordre** (fin), promissory note; **2** (travel) ticket n; **billet d'aller et retour**, return ticket. **billet à titre gracieux**, complimentary ticket

billeterie nf **1** cash dispenser (notes). **2** ticket machine

biologique adj **1** biological adj. **2** organic adj

bip nm, pager n

BIT, Bureau nm **International du Travail**, ILO, International Labor Organization

blanc adj, blank adj; **laisser en blanc**, leave blank; **un chèque en blanc**, a blank cheque

blister nm, blister pack

bloc-notes nm, note-pad n

blocage nm, freeze n; **blocage des prix**, price freeze; **blocage des salaires** (pers), wage freeze

bloquer, block vb, prevent vb

bois nm, wood n, timber n ; **en bois** adj, wooden adj

boisson nf, drink n; **boisson non alcoolisée**, soft drink

boîte nf, box n, tin n (can); **boîte aux lettres**, letter box n; **boîte en carton**, cardboard box, carton n; **boîte en métal**, tin n (container)

bon nm (d'échange), coupon n, voucher n; **bon de commande**, order form

bonification nf (mktg,sales), allowance n, rebate n

bon marché adj, cheap adj

bonne affaire nf, bargain n

bonus nm (ins), no claims bonus

bord, à bord, aboard, on board, exship

bordereau nm, note n, schedule n (often the title given to a form)

borne nf **interactive**, information point

boule nf **de commande** (comp), trackball n

boulonner vb (engineering), bolt vb (together)

bourse nf **1** (fin) stock market; **être** vb **coté en bourse**, be vb quoted on the stock exchange; **s'introduire** vb **en bourse** (fin), go vb public. **2** (education) grant

boutique nf **franche** (mktg, sales), duty-free shop

BP 123, Boîte nf **Postale 123**, PO Box, Post Office Box 123

BPF, bon pour francs, ≈ exchange for francs

branche *nf* (industrielle), sector *n*

bretelle *nf* (d'accès) (travel), sliproad *n*

brevet *nm*, patent *n*; **brevet des collèges**, ≈ O Level

breveté (-e) *adj*, patented *adj*

breveté *nm* **SGDG** (sans garantie du gouvernement), ≈ patent applied for

BRI, Banque *nf* **des Règlements Internationaux**, BIS, Bank for International Settlements

bricolage *nm*, DIY

bris *nm* (t+d), breakage *n*

brochure *nf*, brochure *n*

brouillon *nm*, draft *n*; **faire** *vb* **un brouillon** (de), draft *vb* (a report, a letter)

brut (-e) *adj* (fin), gross *adj*; **revenu brut**, gross revenue

BTP, Bâtiment *nm* (et les) **Travaux Publics**, the building trades

BTS, Brevet *nm* **de Technicien Supérieur**, ≈ HND, Higher National Diploma

budget *nm*, budget *n*; **budget d'annonceur** (mktg, sales), advertising account; **budget d'exploitation** (fin, accounts), operating budget

budgétiser *vb*, budget *vb* for

bulletin *nm* **de dépôt**, dock warrant

bulletin *nm* **de réservation**, reservation slip

bureau *nm*, desk *n*, office *n*; **employé(e)** *nm/f* **de bureau**, office worker, clerical assistant; **bureau de poste**, post office; **bureau principal**, head office, main office

bureautique *nf* (computer), office technology

bus *nm*, bus *n*

but *nm*, object *n*; **dans le but de ...**, with the aim of ...

C

CA *nm*, **chiffre** *nm* **d'affaires**, turnover *n*

cabinet *nm* **conseil**, firm of consultants

cabinet *nm* **d'audit** (fin), firm of auditors

cabinet *nm* **de recrutement**, recruitment consultants, recruitment agency, executive search

câblé (-e) *adj* (electrical), wired-up

câble *nm*, cable *n*

cachet *nm* (imp/exp), seal *n*, stamp *n*; **cachet de la poste**, postmark *n*

cadeau *nm*, gift *n*; **faire** *vb* **un paquet cadeau**, gift wrap *vb*; **cadeau** *nm* **publicitaire**, free gift

cadence, à la cadence de ..., at the rate of ...

cadre *nm*, executive *n*; **cadre** *nm* **moyen** (pers), junior executive; **cadre** *nm* **supérieur**, senior executive

C & F (imp/exp), **coût et fret**, CAF, cost and freight

CAF (imp/exp), **coût, assurance, fret**, cost, insurance, freight

cahier *nm* **des charges** 1 (pers) job specification. 2 (technical projects) specifications *npl*

caisse *nf*, 1 (shops etc) cash desk. 2 (fin) fund *n*; **caisse** *nf* **de retraite**, ≈ organisation managing retirement funds 3 (imp/exp) wooden box (for produce etc); **caisse** *nf* **à claire-voies** (imp/exp), crate *n*

caissier (-ière) *nm/f*, cashier *n*

calculatrice *nf*, calculator *n*

calculer *vb*, calculate *vb*

cale *nf*, hold *n* (of ship)

calendrier *nm*, calendar *n*

calorifugé (-e) *adj*, insulated *adj*

cambiste *nm* (fin), currency dealer

cambriolage *nm*, burglary *n*

cambrioler *vb* (law), burgle *vb*

camembert *nm* (fin), pie chart

caméscope *nm*, camcorder *n*

camion *nm*, lorry *n*; **camion à hayon élévateur**, tail lift truck; **camion citerne**, tanker *n* (road); **camion frigorifique** (t+d), refrigerated lorry; **camion porte-conteneurs** (t+d), container lorry; **camion semi-remorque**, articulated lorry; **camion tracteur** (t+d), tractor unit

camionnette *nf* (t+d), van *n*

camionneur *nm*, haulier *n*

campagne *nf* 1 (mktg,sales) campaign *n*; **faire** *vb* **une campagne**, campaign *vb*; **campagne d'affichage** (mktg, sales), poster campaign; **campagne publicitaire** (mktg, sales), advertising campaign. 2 the country *n*

canal *nm* (t+d), canal *n*

canaliser *vb* (vers), channel *vb* (towards)

candidature *nf* (pers), application *n*, candidature *n*; **faire** *vb* **acte de candidature pour un poste**, apply *vb* for a post; **poser** *vb* **sa candidature**, make *vb* an application

canton *nm* (admin), ≈ district *n*

CAO, conception *nf* **assistée par ordinateur** (comp), CAD, computer-assisted design

capacité *nf* (volume held), capacity *n*; **capacité de production**, production capacity

capitaine nm, captain n

capital nm, capital n; **capital appelé**, called-up capital; **capital social** (fin), registered capital (number of shares x their 'nominal value'); **capital versé** (fin), paid-up capital

capital-risque nm (fin), venture capital

capitaux nmpl **fixes**, capital assets

capter vb (radio, TV), receive vb

capuchon nm, cap n

car nm, coach n

caractère nm, character n

caractéristique nf, feature n

caractéristiques nfpl **techniques**, specifications npl

carambolage nm, pile-up (multiple road accident)

cargaison nf, cargo n; **cargaison en pontée** (t+d), deck cargo

cargo nm **porte-conteneurs**, container ship

carnet nm **1** booklet (eg of tickets). **2** (imp/exp) set of documents (eg stapled or bound in sets); **carnet de bord** (t+d), log book; **carnet de commandes** (mktg, sales), order book

carré (-e)adj, square adj; **mètre carré**, square meter

carrefour nm, crossroads n

carrière nf, career n

carrousel nm, carrousel n (slide projector)

Carte 'T' (mktg, sales), prepaid reply card

carte nf, card n; **carte bancaire** (fin), cheque guarantee card; **carte de crédit**, credit card, charge card; **carte grise**, vehicle registration document; **carte à mémoire**, smart card; **carte à puce**, smart card; **carte téléphonique, télé-** **carte**, phone card; **carte verte**, green card n

cas nm, case n; **en cas de** conj, in case of conj

case nf (à cocher), tick box (eg on form or reply card)

casier nm **judiciare** (law), ≈ criminal record

cassé (-e) adj, broken adj

casser vb **les prix**, slash vb prices

catalogue nm, catalogue n

cause nf, cause n

caution nf **1** (fin) deposit n, security deposit. **2** (law) bail n; **remettre** vb **en liberté sous caution**, release vb on bail

c/c, compte courant nm (fin), current account

CCD, contrat nm **de courte durée**, short-term contract

CCF, Crédit nm **Commercial de France**, one of the 8 main clearing banks in France

CCI, Chambre nf **de Commerce et d'Industrie**, ≈ chamber of commerce (and industry)

CCP, compte nm **chèque postal** (≈ Giro account)

CD, corps nm **diplomatique**, special identity plate on diplomatic vehicles

CDE, commande nf, order

CE, Comité nm **d'Entreprise**, committee of representatives of management and other employees, established by law in France

CEA, Commissariat nm **à l'Energie Atomique**, French atomic energy authority

céder vb, let vb have (agree to sell); **nous sommes prêts à vous les céder à moitié prix**, we are prepared to let you have them half price

CEDEX, Courier *nm* **d'entreprise à distribution exceptionnelle**, special postal sort code for large users of the postal system

CEE, Communauté *nf* **Economique Européenne**, EEC, European Economic Community

C et F, CF, coût et fret (imp/exp), cost and freight

cégétiste *nm* (pers), member of the left-wing CGT (La Confédération Générale du Travail)

ceinture *nf*, belt *n*

célèbre *adj*, famous *adj*, celebrated *adj*

cent *nm*, hundred *n*

centimètre *nm* **cube**, cubic centimetre

central (-e) *adj*, central *adj*; **centrale** *nf* **d'achats** (mktg,sales), central purchasing agency or office

centraliser *vb*, centralise *vb*

centre *nm*, centre *n*; **centre de calcul**, DTP centre; **centre commercial** (mktg, sales), shopping centre; **centre d'évaluation**, assessment centre; **centre d'exposition**, exhibition centre; **centre de loisirs**, leisure centre; **centre sportif**, sports centre

centres *nmpl* **d'intérêt**, interests *npl* (cv)

cependant *conj*, however *conj*, nevertheless *conj*

cercle *nm* **de qualité**, quality circle

certainement *adv*, certainly *adv*, definitely *adv*

certificat *nm*, certificate *n*; **certificat d'assurance** (imp/exp, ins), insurance certificate; **certificat d'entrepôt** (imp/exp), D/W, dock warrant; **certificat d'origine** (imp/exp), certificate of origin

certifié (-e) *adj*, certified *adj*

certifier *vb*, certify *vb*

cessation *nf* **de paiements** (fin), suspended payments (ceased trading)

cesser *vb*, cease *vb*; **cesser la fabrication** (de), discontinue *vb* production

cessible *adj* (securities), transferable *adj*

cession-bail *nf*, leaseback *n*

CFAO, Conception *nf* **et Fabrication Assistées par Ordinateur**, CAD / CAM Computer Assisted Design and Manufacture

CFDT, Confédération *nf* **Française Démocratique du Travail**, moderate trade union

CFTC, Confédération *nf* **Française des Travailleurs Chrétiens**, trade union

CGC, Confédération *nf* **Générale des Cadres**, trade union for management level employees

CGT, Confédération *nf* **Générale du Travail**, left-wing trade union

ch, cherche, wanted, looking for (classified ads)

chaîne *nf*, chain *n*; **chaîne de montage**, assembly line *n*; **chaîne de production**, production line *n*

chaise *nf* **de dactylo**, typist's chair *n*

chaland *nm*, barge *n*

chaleur *nf*, heat *n*

challenge *nm*, challenge *n*

chambre *nf*, chamber *n*, bedroom *n*; **chambres climatisées**, air conditioned bedrooms; **chambre pour une personne**, single room

Chambre *nf* **de Commerce**, chamber of commerce

changer *vb*, change *vb* (money, arrangements)

chantier *nm*, site *n* (building site); **chantier** *nm* **naval**, dockyard *n*

chapardage *nm* (t+d), pilfering *n*

chargé (-e) *adj* **1** busy *adj*. **2 chargé** (-e) **de ...**, responsible for ...

charge *nf*, load *n*, charge *n*; **charge de camion** (t+d), lorry load

charge *nf* **incomplète** (t+d), part load; **charge incomplète de container**, LCL, less than container load; **charge supplémentaire**, additional charge; **charge utile** (t+d), payload *n*, working load

chargement *nm*, shipment *n*; **chargement incomplet de container** (t+d), LCL, less than container load; **chargement partiel** (t+d), part load

chargement-déchargement *nm* (t+d), loading-unloading, roro, roll-on, roll-off

charger *vb*, load *vb*; **charger à bord**, embark *vb* (load cargo onto ship); **charger le programme** (comp), boot *vb* up

se charger *vb* **de ...**, look after, take care of ... (problems, arrangements)

charges *nfpl* **à payer** (fin), charges payable

charges *nfpl* **d'exploitation** (accounts), operating costs, operating expenses

charges *nfpl* **exceptionnelles** (accounts), extraordinary items

charges *nfpl* **sociales**, ≈ NI and other employer's contributions for each employee

chargeur *nm* (t+d), shipper *n*

chariot *nm* **de manutention** (t+d), handling truck

chariot *nm* **élévateur** (à fourches), forklift *n*

charte *nm* **partie** (imp/exp), CP, charter-party

chasseur *nm* **de têtes**, headhunter *n*

chauffage *nm* **central**, central heating *n*

chef *nm* **de ...** **1** (pers), head of ...; **chef** *nm* **d'entreprise** (pers), company manager; **chef** *nm* **d'équipe**, shift manager **2 chef** *nm* **d'accusation**, (law), charge *n*

chemin de fer *nm*, railway *n*

chèque *nm*, cheque *n*; **chèque barré** (fin), crossed cheque; **chèque en blanc**, blank cheque; **chèque postal**, Giro cheque; **chèque sans provision**, cheque drawn without sufficient funds in the account; **chèque de voyage**, traveller's cheque

chéquier *nm*, chequebook *n*

cher (-ère) *adj*, dear *adj*, costly *adj*, expensive *adj*

chercher, aller *vb* **chercher** (eg à la gare), go *vb* to meet (eg at the station)

chevaux *nmpl* **fiscaux**, taxable horsepower

chiffre *nm*, figure *n*; **chiffre** *nm* **d'affaires**, turnover *n*; **chiffre** *nm* **de vente**, sales figure

chiffres *nmpl* **impairs**, odd numbers

chimie *nf*, chemistry *n*

chimiste *nm*, chemist *n*

choisir *vb*, pick *vb*, choose *vb*

chômage *nm*, unemployment *n*; **être au chômage**, to be unemployed; **mettre** *vb* **au chômage** *nm*, outplace *vb*, make *vb* redundant; **chômage partiel**, layoff (eg part of each week); **chômage technique**, layoff *n*

CHR, Centre *nm* **Hospitalier Régional**, ≈ regional general hospital

CHU, centre *nm* **hospitalier universitaire**, university teaching hospital

chute *nf*, fall

chuter *vb* (figures, results), fall *vb*

quickly

ci-dessus *adv*, above *adv*

ci-joint *adj*, enclosed (with this letter)

cibler *vb* (mktg, sales), target *vb*

Cie, compagnie *nf*, company *n*

circonstances *nfpl*, circumstances *npl*

circuit *nm*, circuit *n*

circulaire *nf*, circular; **lettre circulaire**, circular; **voyage** *nm* **circulaire**, round trip (returning to place of departure)

circulant *adj* (accounts), current *adj*

circulation *nf*, traffic *n*

circuler *vb* 1 (public transport), run *vb*; **le train circule le 25 décembre**, the train runs on 25 December; **2 faire** *vb* **circuler**, circulate *vb* (a document)

ciseaux *nmpl*, scissors *n*

citer *vb*, quote *vb* (eg figure, name)

civil, en civil, in plain clothes (police), in civilian clothes

classé, l'affaire est classée, the case is closed, the file is closed

classer *vb*, file *vb*

classeur *nm*, filing cabinet *n*; **classeur à anneaux**, ring binder *n*

clause *nf* 1 clause *n*. 2 (law) clause *n*, proviso *n*; **clause additionnelle** (law), rider *n*; **clause conditionnelle** (law), proviso

clavier *nm* (comp), keyboard *n*

claviste *nm/f*, keyboard operator *n*

client *nm*, customer *n*

clientèle *nf* 1 (gen) customers *npl*. 2 (fin) ≈ goodwill *n*

climatisé (-e) *adj*, air conditioned *adj*

clone *nm*, clone *n*

clôture *nf*, close *n*; **date de clôture des inscriptions**, closing date for applications/bookings

clôturer *vb*, close *vb* (eg of the stock market); **la bourse a clôturé ... (en baisse)**, the stock market closed ... (down in value)

CNPF, Confédération *nf* **Nationale du Patronat**, ≈ CBI, Confederation of British Industry

CNR, comité *nm* **national routier**, national highways commitee

CNRS, Centre *nm* **National de la Recherche Scientifique** national scientific and technical research institution

COB, Commission *nf* **des Opérations de Bourse**, ≈ Securities and Investments Commission

cocher *vb*, tick *vb* (documents); **cocher** *vb* **la case correspondante**, tick *vb* the appropriate box

code *nm*, code *n*; **code barres** bar code; **code civil** (law), civil law; **code pénal**, penal code; **code postal**, post code

coder *vb*, code *vb* (encode)

codes *nmpl*, dipped headlights; **mettre** *vb* **les phares en code**, dip *vb* headlights

CODEVI, compte *nm* **pour le développement industriel** savings account for taxpayers. Only a taxpayer or their spouse can hold a CODEVI savings account

coefficient *nm* **de capitalisation des résultats, CCR**, price/earnings ratio

co-entreprise *nf* (fin), joint venture

COFACE, compagnie *nf* **française d'assurance pour le commerce extérieur**, ≈ ECGD, Export Credit Guarantee Department

coffre *nm* 1 (cars) boot *n*. 2 (banks etc) safe *n*; **salle** *nf* **des coffres**, strongroom

coffret *nm*, small box *n*, case *n* (for piece of equipment, set of cassettes etc)

col *nm* **bleu**, blue collar worker

colis *nm*, package *n*, parcel *n*

collectionner *vb*, collect *vb*

collectivité *nf* **locale**, local authority

coller *vb* **1** (gen) glue *vb*. **2** (comp) paste *vb*

colonne *nf* **de chiffres**, column of figures

coloris *nm*, colour *n*, shade *n*

combiné *nm* (téléphone), handset *n*

comestible *adj*, edible *adj*

comité *nm* **de direction** (pers), executive committee

comité *nm* **d'entreprise** (pers), in-company committee of workers and management representatives, established by French law

commande *nf* **1** (gen) order *n*. **2** (comp) command *n*; **commande à distance**, remote control; **commande infrarouge**, infra-red control

commandée par ..., controlled/operated by ... (controls)

commander *vb*, order *vb*

commanditaire *nm* (fin), sleeping partner, backer *n* (financial backer), sponsor *n*

commanditer *vb* (mktg, sales), sponsor *vb*

commencer *vb*, start *vb*

commenter *vb*, comment *vb* (on)

commerce *nm*, trade *n*; **commerce de détail**, retail trade; **commerce extérieur**, foreign trade

commercial *adj*. (mktg, sales), commercial *adj*

commercial *nm* (mktg, sales), 'un commercial', a sales rep.

commercialisation *nf* (mktg, sales) **1** (gen) putting on the market (sales and marketing activities). **2** merchandising *n*. **3** marketing *n*

commercialiser *vb* (mktg, sales), put *vb* (product) on the market

commissaire *nm* **aux comptes**, auditor *n*

commission *nf*, commission *n*; **prélever** *vb* **une commission** (sur), charge *vb* commission (on)

commissions *nfpl* (accounts), charges *npl*

commode *adj*, convenient *adj* (easy to use)

commun (-e) *adj*, common *adj*, joint *adj*; **mettre** *vb* **en commun**, share *vb*, pool *vb*; **mettre l'équipement en commun**, pool the equipment

Communauté *nf* **Economique Européenne**, EEC, European Economic Community

communication *nf* **1** ('la communication') communication *n*. **2** (eg 'votre communication') message *n* (often letter); **nous avons bien reçu votre communication du 6 mars**, thank you for your letter of 6 March

communiqué *nm*, communiqué *n*

communiquer *vb*, communicate *vb*, inform *vb* of; **communiquer** *vb* **un prix** (mktg, sales), quote *vb* a price

compagnie *nf*, company *n*

comparaison *nf*, comparison *n*; **en comparaison de...**, in comparison with ...

comparé (-e) *adj*, comparative *adj*

comparer *vb* (à), compare *vb* (with); **comparé à ...**, compared with ...

compensation, accord *nm* **de compensation** (imp/exp), barter trade (agreement)

compenser *vb* **1** compensate *vb* for; **compenser la perte**, make up the loss. **2** (fin) offset *vb*. **compenser un chèque**, clear *vb* a cheque

compétences *nfpl*, skills *npl* (cv); **compétences spéciales**, special qualifications (cv)

compétitif (-ve) *adj*, competitive *adj*

compétition *nf*, competition *n*

complément *nm* **de prime** (ins), additional premium

complet (-ète) *adj*, complete *adj*, full *adj*; **à temps complet**, full-time

compléter *vb* (un formulaire), fill *vb* in (a form), complete *vb*

composant *nm*, part *n*, component *n*

composer *vb* **un numéro**, dial *vb* a number

composter *vb*, date *vb* stamp

compréhension *nf*, understanding *n*; **je vous remercie de votre compréhension**, I am grateful for your understanding

comprendre *vb*, understand *vb*

compris (-e) *adj*, included *adj*

compromis *nm*, compromise *n*; **compromis** *nm* **de vente**, agreement to purchase

comptabilité *nf*, accounting *n* (pers); **comptabilité de gestion**, management accounting

comptable *nm* (fin), accountant *n*

compte *nm* (fin), account *n*; **compte courant,** current account; **compte d'exploitation**, trading account; **compte de ...**, account of ...; **compte de dépôt**, D.A., deposit account; **compte de ventes**, Account Sales; **compte en souffrance**, overdue account

compte, pour le compte de ... (gen), on behalf of ...

compte, tenir *vb* **compte de ...** allow *vb* for ...

se rendre *vb* **compte de ...**, appreciate *vb* that ..., understand *vb* that ..., realize *vb* that ...

compter *vb*, expect *vb* to ...; **nous comptons signer un contrat avec ...**, we expect to sign a contract with ...

compter *vb* **sur**, count *vb* on

compteur *nm*, meter *n*

comptoir *nm*, counter *n*; **comptoir** *nm* **d'enregistrement** (travel), check-in desk *n*

se concentrer *vb* **sur**, focus *vb* on

concepteur (-trice) *nm/f*, designer *n*, creator *n*

Conception *nf* **Assistée par Ordinateur, CAO**, CAD, Computer-Assisted Design

Conception *nf* **et Fabrication Assistées par Ordinateur, CFAO**, CAD/CAM Computer-Assisted Design and Manufacture

conception *nf*, design *n*

concernant, concerning

concertation *nf*, concertation *n*

concessionnaire *nm/f*, concessionnaire *n*

concevoir *vb*, think *vb* up, design *vb*

conciliateur *nm*, arbitrator *n*

conclure *vb* **un accord**, conclude *vb* an agreement

concourir *vb* **à ...**, contribute *vb* to ...

conçu (-e) **pour ...**, designed for ...

concurrence *nf*, competition *n*; **jusqu'à concurrence de 50 000 FF**, up to 50 000 FF; **concurrence** *nf* **déloyale**, unfair competition

concurrent *nm*, rival *n*, competitor *n*

concurrentiel (-le) *adj*, competitive *adj*

conditionnement *nm*, packaging *n*

conditions *nfpl* (de vente), terms of trade, terms of sale; **conditions de crédit**, credit terms; **conditions de paiement**, terms of payment; **conditions spéciales**, special terms (for customer); **conditions de travail**, working conditions; **sans conditions**, unconditional *adj*

conducteur *nm*, **conductrice** *nf*,

driver *n*

conduire *vb* (une voiture), drive *vb* (a car)

conférence *nf*, talk; **faire** *vb* **une conférence sur ...**, give a talk on ...

confiance *nf*, confidence *n*, trust *n*; **avoir confiance en ...**, have *vb* confidence in ...; **faire** *vb* **confiance à ...**, trust *vb* ...

confidentiel (-elle) *adj*, confidential *adj*

confier à ..., entrust *vb* to ...

confirm *vb*, confirmer *vb*

confisquer *vb*, confiscate *vb*

conflit *nm* **social**, industrial dispute

conforme *adj* **à ...**, in conformity with ..., conforms with ...; **être** *vb* **conforme à ...**, conform *vb* to ... (meet legal requirement); **non conforme à la commande**, not as ordered

conformément à ...(law), in conformance with ..., in compliance with ...

se conformer *vb* **à ...**, comply *vb* with ...

congé *nm*, leave *n*; **en congé**, on leave; **donner** *vb* **son congé**, give *vb* notice (employer to employee); **être** *vb* **en congé**, be *vb* on leave; **congé payé** (pers), paid holiday

congeler *vb*, deep freeze *vb*

conglomérat *nm* (fin), conglomerate *n*

congrès *nm*, conference *n*

conjoncture *nf* (fin), the economic outlook/situation

conjoncturel *adj* (fin), relating to the economic situation or outlook

connaissance *nf*, knowledge *n*

connaissement *nm* (imp/exp), bill of lading; **connaissement à bord** (imp/exp), shipped bill of lading; **connaissement abrégé** (imp/exp), short form (bill of lad-

ing); **connaissement complet** (imp/exp), long form (bill of lading); **connaissement direct**, through bill of lading; **connaissement non clausé** (imp/exp), clean bill of lading; **connaissement** *nm* **de transport combiné FIATA** (imp/exp), FBL, FIATA, combined transport bill of lading

connaître *vb*, know *vb*

connecter *vb*, connect *vb*, plug *vb* in

connexes, charges *nfpl* **connexes** (fin), related charges

conscient, être *vb* **conscient de ...** (des problèmes), be *vb* aware of ... (problems)

conseil *nm* **1** advice *n* (piece of advice). **2** consultancy *n*, **conseil fiscal** (fin), tax consultant; **conseil juridique**, (law), legal adviser, ≈ lawyer *n*. **3** (admin) board **conseil d'administration** (pers), board of directors;

conseiller *vb*, advise *vb*

consensus *nm*, agreement *n*

consentir *vb* **un prêt** (fin), grant *vb* a loan

consentir *vb* **une remise**, give *vb* a discount

conserve, mettre *vb* **en conserve**, can *vb*

conserver *vb* **1** (gen) store *vb*; **conserver à l'abri de l'humidité**, store in a dry place. **2** (documents) keep *vb*; **conserver la copie jaune**, keep the yellow copy; **veuillez conserver le reçu**, please keep the receipt

considérable *adj*, significant *adj*; **une augmentation considérable**, a significant increase

consigné, non consigné, deposit/ no deposit; **bouteille consignée**, deposit on bottle

consigne *nf* **1** left luggage. **2** advice *n*

consolider *vb* **une position**,

strengthen *vb* a position

consommateur *nm* (mktg, sales), consumer *n*

consommation *nf*, consumption *n*

constat, faire *vb* **un constat** (ins, accidents, damage etc), make *vb* out a statement/a declaration

constater *vb* 1 (gen) notice *vb*. 2 (law) declare *vb*

constitué (-e), être *vb* **constitué (-e) de ...**, be *vb* made up of ...

constructeur *nm*, builder *n*

construction *nf* **navale**, shipbuilding *n*

construire *vb*, build *vb*

contacter *vb*, contact *vb*, get *vb* in touch with

containeurisé (-e) *adj* (t+d), containerised

conteneur *nm* (t+d), container *n*; **conteneur** *nm* **complet** (imp/exp), FCL, full container load; **conteneur** *nm* **frigorifique** (imp/exp), refrigerated container; **conteneur** *nm* **scellé** (imp/exp), sealed container

contenir *vb* 1 contain *vb*. 2 (volume) hold; **le réservoir contient 5000 litres**, the tank holds 5000 litres

contentieux, service du contentieux (law), legal department (complaints dept)

contingent *nm* (imp/exp), quota *n*

contingenté (imp/exp), limited by quota

contingentement *nm* (imp/exp), quota system

continu (-e) *adj*, continuous *adj*

contracté (-e), contracted

contrat *nm* 1 (gen) contract *n*. 2 (mktg, sales), deal *n*; **contrat** *nm* **de courte durée CCD** (pers), short-term contract; **contrat** *nm* **à durée déterminée, CDD** (pers), fixed-term contract; **contrat** *nm* **d'emploi**, contract of employment; **contrat** *nm* **d'entretien** (mktg, sales), maintenance / service contract

contravention *nf* (law) 1 breach of the law. 2 fine *n*

contre *prep*, 1 against **contre remboursement/paiement à la livraison** (mktg, sales), payment on delivery; **contre tous risques** (ins), against all risks; 2 **par contre** *adv* on the other hand

contrefaire *vb* **un brevet** (law), infringe *vb* a patent

contremaître *nm*, foreman *n*, supervisor *n*

contresigner *vb*, countersign *vb*

contribuable *nm* (fin), tax payer

contribuer *vb*, contribute *vb*

contribution *nf* **nette** (accounts), net contribution

contrôle *nm* **de qualité**, quality control *n*

contrôler *vb* 1 (gen) check *vb*, monitor *vb*. 2 (fin) control *vb*; **contrôler 34% du capital de la société**, control 34% of the company's capital

contrôleur *nm* 1 ticket inspector. 2 checker *n*

convaincre *vb*, convince *vb*

convenable *adj*, suitable *adj*

convenir *vb*, suit *vb*; **un modèle qui ne convient pas**, an unsuitable model; **quand cela vous conviendrait-il?**, when would it be convenient?

convenir *vb* **de ...**, agree *vb* on ...; **afin de convenir d'un prix**, in order to agree on a price; **convenir d'un ordre du jour**, agree on an agenda

convention *nf* (pers), agreement *n*; **convention collective**, collective/

joint agreement

convenu (-e) *adj*, agreed *adj*

convocation *nf*, an invitation to attend (eg meeting), a request to report to (eg police station)

convoquer *vb* **une réunion**, call *vb* a meeting

coopérer *vb*, cooperate *vb*

coordiner *vb*, coordinate *vb*

coordonnées *nfpl*, personal details *npl* (eg name and address); **coordonnées bancaires**, details of bank account

copie *nf*, copy *n* (photocopy, carbon); **copie certifiée conforme**, certified copy; **copie sur papier** (comp), hard copy *n*; **faire** *vb* **une copie papier** (comp), make *vb* a hard copy *vb*

copier *vb*, copy *vb*

Corbeille *nf* (fin), dealing ring on traditional French stock dealing floor

corporel (-le) *adj* (balance sheet), tangible *adj*

correspondance *nf* **1** (gen) letters *npl* correspondence n. **2** (travel) connection n; **prendre** *vb* **une correspondance**, take a connection (train / flight); **correspondance pour ...** (travel), connecting (eg train) for ...

correspondre *vb* **à ...**, correspond *vb* to ...

corrigé (-e) *adj* **1** (gen) corrected *adj*. **2** (statistics) adjusted *adj*

corruption *nf*, corruption *n*

cotation *nf* (fin), quotation (on stock market) **coté(-e)** **en bourse**, quoted on the stock exchange

côté, à côté de ..., next to ..., near ...;

cotisation *nf*, fee *n*, membership fee

cotisations *nfpl* **sociales**, employee's national insurance and benefit contributions

cotiser *vb* (à) (pers), pay *vb* a contribution (to)

couchette *nf*, bunk *n*, sleeping berth (trains)

coulage *nm* (t+d, imp/exp), leakage *n*

couloir *nm*, corridor *n*

coupon *nm*, coupon *n*; **couponréponse** *nm* (mktg, sales), reply coupon

couponnage *nm* (mktg, sales), couponing *n*

coupure *nf* (d'électricité), (power) cut *n*

coupures *nfpl* (fin), notes; **en petites coupures**, in small denomination notes

Cour de Cassation (law), Court of Appeal

cour *nf* **d'assises** (law), ≈ high court

couramment *adv* (languages), fluently *adv*

courant (-e)*adj* **1** (fin) current *adj* (current period). **2** (gen) common *adj*; **à contre courant**, against the trend

courant *nm*, current *n*; **courant alternatif**, alternating current; **courant direct**, DC, direct current

courant, au courant, aware of; **être** *vb* **au courant** (de), be *vb* aware of ..., have *vb* the latest information on ..., be *vb* aware of (a situation); **mettre** *vb* **au courant** (de), brief *vb* (on/about); **tenir** *vb* **au courant de ...**, keep *vb* informed of ...

courant, à contre courant, against the trend

courbe *nf* (graphs), curve *n*; **courbe des ventes**, sales chart

courrier *nm*, **1** post *n* (letters delivered); **courrier arrivé**, in-tray *n*; **courrier en attente**, pending *n* (pending tray); **courrier départ**, out-tray *n*; **courrier électronique**

(comp), E mail n; **courrier ordinaire**, surface mail. **2 long courrier** (air transport), long haul;

cours, du mois en cours, current (month)

cours nm, (education) course n, programme of study

court (-e) adj, short adj (not long); **être** vb **à court de ...**, be vb short of ...

courtier nm (fin), broker n

coût nm, cost n; **coût au 1000**, cost per thousand; **coût de la main d'oeuvre**, labour costs; **coût de la production**, production cost; **coût de la vie**, cost of living; **coût et fret**. (imp/exp), C & F, cost and freight; **coût, assurance, fret et fluctuations de change/commissions bancaires**. (imp/exp), cost, insurance, freight and exchange variations/bankers charges; **coût, assurance, fret. CAF** (imp/exp), CIF, cost, insurance, freight

coûter vb, cost vb

coûts nmpl **d'exploitation** (balance sheet), operating costs/expenses

couvercle nm, top n, cover (of container)

couverture nf, cover n

couvrir vb, cover vb

Cpt, comptant, cash

CQ, cercle nm **de qualité**, quality circle

CQAO, contrôle nm **de qualité assistée par ordinateur**, computer assisted quality control

craint (eg le gel), keep (eg above 0°C); **craint l'humidité**, keep dry

crasher vb (comp), crash vb

crayon nm, pencil n

créances nfpl (balance sheet), creditors n; **mauvaises créances**, bad debts

créancier nm, creditor n

créateur (-trice) nm/f, designer n

création nf, creation n

Crédit nm **Foncier** (fin), French land bank

crédit nm, credit n; **à crédit**, credit (on credit); **crédit adossé** (fin), back to back credit; **avis** nm **de crédit**, credit advice; **crédit clients** (fin), accounts receivable to sales; **crédit à la consommation**, hire purchase; **crédit fournisseurs**, accounts receivable to purchases

crédit-bail nm, leasing n

créditer vb, credit vb

créditeur, être vb **créditeur**, be vb in credit

CREDOC, Centre nm **de recherches, d'études et de documentation sur la consommation**, consumer research association

créer vb, create vb; **créer** vb **une entreprise**, start up vb a company

créneau nm (mktg, sales) **1** opening, opportunity. **2** slot n; **créneau horaire**, time slot

crever vb **le plafond** (fin), go vb through the ceiling

crise nf, crisis n; **la crise économique**, the slump, the recession

critiquer vb, criticise vb

croiser vb, cross vb; **je crois que nos lettres se sont croisées**, I think our letters crossed

croissance nf, growth n

croître vb, grow vb

croix nf, **mettre** vb **une croix**, cross vb (place a cross in documents)

CROUS, ('Le CROUS'), **Centre** nm **Régional des Oeuvres Universitaires et Scolaires**, regional French student welfare organisation

CRS, Compagnie *nf* **Républicaine de Sécurité** (law), riot police

crypté (-e) *adj*, coded *adj*, encoded *adj*; **la chaîne TV cryptée**, the coded TV channel (subscribers only)

CSG, Contribution *nf* **Sociale Généralisée**, ≈ national insurance contribution

cueillir *vb* (eg crop), pick *vb*

CV, curriculum vitae *nm*, CV, curriculum vitae

cycle *nm*, cycle *n*

cyclique *adv*, cyclical *adv*

DA (imp/exp), **documents contre acceptation**, DA, documents against acceptance

DAB, Distributeur *nm* **Automatique de Billets**, ATM, cash dispenser

d'abord *adv*, first of all

dactylo *nm/f*, typist *n*

d'ailleurs *adv*, besides *adv*, moreover *adv*

danger *nm*, danger *n*

dangereux (-se) *adj*, dangerous *adj*

DATAR, délégation *nf* **à l'administration du territoire et à l'action régionale**, planning body for regional development

date *nf*, date *n*; **... de date** (fin), ... after date; **à 90 jours de date**, 90 days after date; **date de clôture des inscriptions**, closing date for applications / bookings; **date limite**, deadline *n*; **date limite pour la livraison**, deadline for delivery; **date de naissance**, date of birth

dater *vb*, date *vb*, date stamp *vb*

DAU, Document *nm* **Administratif Unique** (imp/exp), SAD, Single Administrative Document (rare)

déballage *nm*, unpacking *n*

déballer *vb*, unpack *vb*

débat *nm*, debate *n*

débattre *vb*, debate *vb*

débaucher *vb* (pers), shed *vb* staff

débit nm **1** (gen) flow n. **2** (fin) debit n

débiter vb **un compte** (fin), debit an account vb

débiteur adj, debit adj

débiteur nm, debtor n

déboguer vb (comp), debug vb

débouché nm **1** (employment) opportunity n. **2** (market) opening n. **3** (mktg, sales) sales outlet

débrayer vb, stop vb work, down vb tools

début nm, start n

décapitaliser vb, realize capital (by sale of assets)

décentraliser vb, decentralise vb

décevant (-e) adj, disappointing adj

décharge nf, tip n (of waste)

décharger vb (t+d), discharge vb, unload vb, land vb cargo

déchirer, se déchirer vb, tear vb (materials)

décider vb (de), decide vb (to)

décision nf, decision n

décisionnaire nm, decision-maker

déclarant nm (imp/exp), the person making the declaration

déclaration nf, declaration n, statement n

déclarer vb, state vb

déclin nm, decline n

décliner vb **1** refuse vb; **décliner toute responsabilité**, deny vb responsibility. **2** get vb worse

décoller vb, take off (sales, figures, results); **les ventes ont commencé à décoller**, sales have begun to take off

déconseillé (-e) adj, not recommended

déconseiller vb, advise vb against; **à déconseiller**, unadvisable adj

décote nf (share values), marked down

découper vb **le bon**, clip vb the coupon

découvert nm (fin), overdraft n; **à découvert**, OD, O/D, overdrawn

découverte nf, discovery n

découvrir vb, discover vb

décrocher vb **1** unhook (the telephone). **2** 'switch off'

décroissance nf, decrease n

dédommagement nm, compensation n

dédouané (-e) adj (imp/exp), duty paid adj, cleared customs; **dédouané (-e) sans inspection préalable** (imp/exp), CWE, cleared without examination

dédouanement nm (imp/exp), customs clearance

dédouaner vb, clear customs vb

déductible adj (de), deductible adj (from)

déduire vb **1** deduct vb. **2** deduce vb

défait (-e) adj, loose adj (come loose)

défaite nf, defeat n

défaut nm **1** (machines, products), defect n, fault n **2** (fin) default n; **défaut** nm **de paiement**, non payment

défavorable adj, unfavourable adj

défectueux (-se) adj, faulty adj

défendre vb **1** (contre) (law), defend vb (against). **2** forbid vb

défense nf (gen, law), defence n; **défense de ...** (fumer), ... (smoking) forbidden

défenseur nm (law), counsel for the defense

défi nm, challenge n

déficit nm (fin), deficit n; **déficit commercial**, trade deficit

déficitaire *adj* (fin), in deficit

définir *vb*, define *vb*

défraîchi (-e) *adj*, shop-soiled *adj*

dégâts *nmpl*, damage *n*

dégradation *nf*, decline *n*, deterioration *n*

dégrader, se dégrader *vb*, decline *vb*, deteriorate *vb*

dégraissage *nm*, downsizing *n*

dégrèvement *nm*, relief *n*; **dégrèvement d'impôt** (fin), tax relief; **dégrèvement fiscal**, tax relief

degriffé (-e) *adj* (mktg,sales), off label *n*

dégroupage *nm* (t+d), load splitting, break *vb* bulk

déjà *adv*, already *adj*

délai *nm*, deadline *n*; **respecter** *vb* **un délai**, keep *vb* to a deadline; **délai de livraison**, delivery deadline; **délai de réalisation**, lead time; **délai de réflexion** (law), cooling off period; **dans quel délai ...?**, how soon, how long ... (will it take)?

délégué *nm*, representative *n*, delegate *n*; **délégué syndical**, union representative

déjeuner *nm*, lunch *n*

délit *nm*, crime *n* (minor)

demande *nf*, request *n*; **faire** *vb* **une demande d'emploi**, make *vb* an application; **demande d'indemnisation** (ins), claim *n*; **demande de renseignements**, inquiry *n*

demander *vb* **le remboursement d'un prêt**, call *vb* in a loan

demandeur *nm* **d'emploi** (pers), person seeking employment

démarchage *nm* **de porte à porte**, door-to-door sales

démarchage *nm* **par téléphone**, telemarketing *nm*

démarcheur *nm*, salesman *n* (door-to-door)

démarque *nf* **inconnue** (fin, mktg, sales), 'shrinkage', unattributable losses (shoplifting, damage etc)

démarrer *vb*, start *vb* up

démêler *vb*, sort *vb* out, untangle *vb*

déménager *vb*, move *vb*, relocate *vb* (move premises)

démenti *nm*, denial *n*

demeure, mise *nf* **en demeure**, formal warning

demeurer *vb*, dwell *vb*, remain *vb*

démissionner *vb*, resign *vb* (a post)

démonstration *nf*, demonstration *n*; **faire** *vb* **une démonstration** (de), demonstrate *vb*

démonter *vb* **un stand**, take *vb* down a stand (exhibitions)

démontrer *vb* **(que)**, prove *vb* (that)

dénationaliser *vb*, denationalize *vb*

dénommé (-e) *adj*, called *adj*

dents de scie (fin), saw toothed; **croissance en dents de scie**; fluctuating/irregular growth

déontologie *nf*, code of practice

dépannage *nm*, emergency repair

dépanner *vb* **1** repair *vb*. **2** help *vb* out (in difficulty)

dépanneuse *nf*, break-down truck

départ *nm*, departure *n*; **départ entrepôt** (imp/exp), x-whse, ex-warehouse; **départ magasin** (imp/exp), x-stre, ex-store; **départ usine**, X-ml, X-mll, ex-mill

département *nm* **1** (gen) department *n* (of company). **2** administrative region; **le département du Var**, the Var

dépassé (-e) *adj*, obsolete *adj*

dépasser *vb*, exceed *vb*, go *vb* ahead of ...

dépendre *vb* **de ... 1** (gen) depend *vb*

on. **2** report *vb* to (superior)

dépenser *vb*, spend *vb* (money)

dépenses *nfpl*, expenditure *n*; **dépenses d'investissement** (fin), capital investment

déplacement *nm*, journey *n*, trip *n*; **être en déplacement**, be away on a trip; **déplacements fréquents**, frequent travel (job ads)

déplacer *vb*, move *vb* (something)

dépliant *nm*, folder *n*, folded leaflet

déposer *vb* **1** deposit *vb*; **déposer en banque**, bank *vb*; **déposer son bilan**, go *vb* into liquidation; **déposer un document**, lodge *vb* a document.**2** (law) lodge *vb* **déposer une plainte contre**, lodge a complaint against

déposition *nf* (law), statement in court

dépôt *nm*, deposit *n* (in bank); **en dépôt**, (mktg, sales), sale or return; **dépôt en banque**, bank deposit

dépouillement *nm*, counting of votes

dépouiller *vb*, count *vb*, analyse *vb* results; **dépouiller le courrier**, open *vb* the mail

depuis *prep*, since *prep*

député *nm* (member of the French Assemblée Nationale), ≈ MP, Member of Parliament

dérangement, en dérangement, (lift, telephone etc) out of order, malfunction

dérapage *nm*, slippage *n*

déraper *vb* (fall behind target), slip *vb*

dernier (-ière) *adj*, last *adj*; **le/la dernier** (-ière), the last *n*, the latest (model, figures etc)

dérogation *nf*, (pers), dispensation *n*; **obtenir une dérogation**, obtain a dispensation

descendre *vb* **1** (gen) go *vb* down. **2** (travel) get *vb* off (a train etc)

description *nf*, description *n*

désenclaver *vb*, open *vb* up (region, area)

désignation (formal, official), description *n*; **désignation de l'entreprise**, description of the company

désirer *vb*, want *vb*

dès que *conj*, as soon as *conj*

desserré (-e) *adj*, loose *adj* (not tight)

desservir *vb* (public transport), stop *vb* at ...; **le train dessert les gares de St Chaptal et Croiy les Belles**, the train stops at St Chaptal et Croiy les Belles

dessinateur *nm*, draftsman *n*

dessous, au-dessous (de), under; **au-dessous de 15%**, under 15%; **à peine au-dessous de ...**, just under ...

destinataire *nm* **1** (gen) addressee *n*. **2** (t+d) consignee *n*

destination, à destination de ... (travel, t+d), for ...; **le train à destination de Crouy**, the train for Crouy

détacher *vb* (eg les exemplaires), detach *vb*, separate *vb* (eg copies)

détail *nm*, detail *n*; **vente** *nf* **au détail**, retail *n* (sales)

détaillant *nm*, retailer *n*; **détaillant agréé**, approved retailer

détaillé (-e) *adj*, detailed *adj*

détailler *vb*, sell *vb* separately

détenir *vb* **des actions**, hold *vb* shares

détenir *vb* **une part du marché** (mktg, sales), have *vb* a share of the market

détente *nf*, relaxation *n*

détour *nm*, detour *n*

détournement *nm* **de fonds** (law), embezzlement *n*

dette *nf* (fin), debt *n*

dettes *nfpl* **à court terme**, current liabilities *n*

deux fois plus élevé/moins élevé que ..., twice as high/low as ...

dévaliser *vb* (law), rob *vb*

dévaluation *nf* (fin), devaluation *n*

devancer *vb*, be *vb* ahead of

devant *prep*, in front of *prep*

développer *vb*, develop *vb*

devenir *vb*, become *vb*

déverser *vb* (t+d), tip *vb* (eg a load); **déverser** *vb* **accidentellement** (t+d), spill *vb* (eg a load)

déviation *nf* (travel), diversion *n*

devis *nm*, estimate *n*, quotation *n*, quote *n* (quoted price for contract); **établir** *vb* **un devis**, prepare *vb* a quotation

devises *nfpl*, currency *n*; **devises étrangères**, foreign currency

devoir *vb* **1** (gen) have *vb* to, ought *vb* to. **2** (fin) owe *vb*

diagramme *nm* **des flux/de circulation**, flow chart

dicter *vb*, dictate *vb*

différé (-e) *adj* **1** (fin) deferred *adj* (eg payment). **2 programme en différé** (radio, TV), recorded programme, retransmitted programme

différend, régler *vb* **un différend**, settle *vb* a disagreement (minor)

différer *vb* (un paiement), defer *vb* (payment)

diffuser *vb*, broadcast *vb*

diffusion *nf* **1** distribution *n*. **2** circulation *n* (of newspaper)

dimensions *nfpl*, measurements *npl*

diminuer *vb*, decrease *vb*

diminution *nf*, decrease *n*

dîner *vb*, dine *vb*

diplôme *nm* **obtenu en ...**, qualification obtained in ... (subject)

diplômes *nmpl* (cv), qualifications *npl*

direct, en direct 1 (TV, radio) live. **2** (comp) on-line

directeur (-trice) *nm/f*, director *n*, manager *n*; **directeur** (-trice) **adjoint** (-e), deputy manager; **directeur** (-trice) **de bureau**, office manager *n*; **directeur** (-trice) **commercial** (-e) (mktg, sales), sales manager; **directeur** (-trice) **de la communication**, director of communication; **directeur** (-trice) **de l'exploitation** (t+d), traffic / transport manager; **directeur** (-trice) **à l'exportation**, export manager; **directeur** (-rice) **financier**, financial director, financial manager; **directeur** (-trice) **général** (-e), general manager *n*, ≈ managing director; **directeur** (-trice) **informatique**, DP Manager *n*, computer manager *n*; **directeur** (-trice) **de marketing**, director of marketing; **directeur** (-trice) **du personnel**, personnel manager; **directeur** (-trice) **de produit**, product manager; **directeur** (-trice) **de projet**, project manager; **directeur** (-trice) **de publicité**, advertising manager; **directeur** (-trice) **régional** (-e), regional manager; **directeur** (-trice) **de service**, departmental manager; **directeur** (-trice) **d'usine**, works manager; **directeur** (-trice) **des ventes** (mktg, sales), sales manager

direction *nf*, directorate *n*, management *n*

directive *nf*, guideline *n*, directive *n*

directrice *nf*, manageress *n*

diriger *vb*, manage *vb*

discussion *nf*, discussion *n*

discuter *vb* **de**, debate *vb*, discuss *vb*

dispacheur *nm* (ins), loss adjuster

disponibilités *nfpl* (fin), liquid assets

disponible *adj*, available *adj*

disposer *vb* **de**, have *vb* available

dispositif *nm*, device *n*

disposition, avoir *vb* **à sa disposition**, have *vb* available

dispositions *nfpl*, arrangements *npl*

disque *nm*, disc *n*; **disque audionumérique**, compact disc *n*; **disque compact**, compact disc *n*; **disque dur** (comp), hard disc *n*

distribuer *vb*, distribute *vb*

distributeur *nm*, distributor *n*; **distributeur automatique**, vending machine (hot drinks etc); **distributeur automatique de boissons**, drinks machine; **distributeur automatique de billets** (de banque) **DAB**, ATM, Automatic Teller Machine, cash dispenser; **distributeur exclusif** (mktg, sales), sole distributor *n*

distribution *nf*, distribution *n*; **distribution exprès**, express distribution

divergence *nf*, discrepancy *n*

divers *adj* (forms, cv), other *adj*, miscellaneous *adj*

diversifier, se diversifier *vb*, diversify *vb*

dividende *nm* (fin), dividend *n*

diviser *vb* (en), split *vb* (into)

docteur ès lettres, 'doctor of letters' ≈ PhD

doctorat *nm*, ≈ PhD, Doctorate

document *nm* **1** (gen) document *n*. **2** (mktg, sales), artwork *n*

documentaliste *nm/f*, filing clerk *n*, ≈ company librarian responsible for storing literature and information in-company

documentation *nf*, literature *n* (on product)

documenter, se documenter *vb* **sur ...**, gather *vb* information about ...

documents *nmpl*, documents *npl*; **documents de bord**, ship's papers; **documents contre acceptation** (imp/exp), D/A, documents against acceptance; **documents contre paiement** (imp/exp), D/P, documents against payment; **documents d'expédition** (imp/exp, t+d), shipping documents

doit (invoices, bills), owes

DOM / TOM, Départements et Territoires d'Outre Mer, foreign territories (colonies etc)

domiciliation *nf* ... (fin), account held at ..., paying office

domicilié (-e) *adj*. **à ...**, (bank accounts etc), based in ...

dominant (-e) *adj* (market position), dominant *adj*

dominer *vb* **le marché**, dominate *vb* the market

dommages *nmpl* **et intérêts** (law), damages *n*

domotique *nf* (comp), automatic systems for control of house (heating, lighting etc)

donc *conj*, so *conj*, therefore *conj*

donne, la nouvelle donne, the new information

données *nfpl*, data *n*

donner *vb*, give *vb*; **donner de l'avancement** (à) (pers), promote *vb* somebody; **donner à bail**, lease *vb* (to someone); **donner congé**, give *vb* notice (to employee); **donner des instructions**, give *vb* instructions, give *vb* orders; **donner en location**, let *vb* (property to someone); **donner une liste de ...**, list *vb*; **donner un prix** *vb* (mktg, sales), quote *vb* a price; **donner suite à une réunion** (mktg, sales), follow *vb* up after a meeting; **donner sur ...**, overlook *vb* (look down on); **donner un taux** (fin, t+d), quote *vb* a rate

dopé (-e) *adj*. **par ...**, (fin), affected by, distorted by; **les résultats sont dopés par les effets de ...**, the results are distorted by the effects of ...

dossier *nm* **1** (gen) file. **2** (gen) collection of documents and info on one subject, project etc. **3** (fin) client accounts (for loans etc). **4** (admin) form; **dossier d'inscription**, application form (exhibitions etc), registration form; **dossier de candidature**, application form

dotation *nf* (balance sheet),≈ appropriation *n*, ≈ provision *n*; **dotation aux amortissements et aux provisions** (balance sheet), ≈ contingent liabilities

douanier *nm*, customs officer

double *nm*, duplicate *n*, copy *n*; **faire** *vb* **un double de**, duplicate *vb*, make *vb* a copy of

doubler *vb* **1** double *vb*. **2** pass *vb* (overtake)

douzaine *nf*, dozen *n*

DRE, Direction Régionale de l'Equipement, ≈ regional civil engineering authority

droit (-e) *adj* **1** straight *adj*. **2** right (-hand side) *adj*

droit *nm* (law) **1** right *n*; **c'est un droit**, it's a right; **avoir** *vb* **droit à ...**, have *vb* the right to ..., be *vb* entitled to ...; **droit exclusif**, exclusive right *n*, sole right. **2** (law) law *n*; **droit civil** (law), civil law. **3** (customs, fin) duty *n*; **droit supplémentaire**, surcharge, extra duty (customs)

droite *nf*, right *nf*; **à droite**, on the right

DST, *nf* **Direction** *nf* **de la Surveillance du Territoire**, national security service responsible for internal security ≈ FBI or MI6

DTC, document *nm* **de transport combiné**, CTD, combined transport document

dû (-e) *adj*, due *adj*

durée *nf*, duration *n*, length *n* (in time)

durer *vb*, last *vb*

E

écart *nm* (fin), deviation *n*, variance *n*, gap *n*; **écart entre les importations et les exportations**, the gap between imports and exports

écarter *vb*, **1** put *vb* to one side; **écarter un problème**, dismiss a problem **2 s'écarter** *vb*, move *vb* away from, deviate *vb* from, depart *vb* from

échange *nm*, exchange *n*; **échange d'actions** (fin), share swap; **échange de documents informatisés**, EDI, Electronic Data Interchange

échanger *vb* (contre), exchange *vb* (for)

échangeur *nm* **d'autoroute**, motorway junction *n*

échantillon *nm* (mktg, sales), sample; **ne répond pas à l'échantillon**, not up to sample

échantillonnage *nm*, sampling *n*

échantillonner *vb*, sample *vb*

échéance *nf* (fin), due date; **venir** *vb* **à échéance**, mature *vb*, fall *vb* due

échéances *nfpl*, due dates

échéancier *nm* (fin), bill diary (diary of due dates)

échec *nm*, failure *n*; **subir un échec**, to fail

échelle *nf*, scale *n*

échelonné *adj* (fin), staged *adj*

échelonner, s'échelonner (sur) *vb* (fin), be *vb* spread over ...; **les paiements peuvent s'échelonner sur ...**, the payments can be spread over ...

échouer *vb*, fail *vb*

éclairage *nm*, lighting *n*

éclairer *vb*, light *vb*

économe *adj*, economical (uses little fuel, money etc) *adj*

économie *nf*, economy *n* (eg of country); **faire** *vb* **une économie**, save *vb* (money) (obtain something for less than expected price); **faire une économie de £3000 sur le coût des matériaux**, save £3000 on the cost of materials

économique *adj* **1** economic *adj*. **2** economical *adj*

économiser *vb*, save *vb* (eg reduce expenditure); **économiser de l'électricité**, save electricity

écouler *vb* **les excédents**, sell *vb* off surplus

écran *nm*, screen *n*; **écran de contrôle**, monitor *n* (process control)

écrire *vb*, write *vb*; **écrire à quelqu'un**, write to someone

EDF, Electricité de France, nationalized electricity producer and distributor

éditer *vb*, publish *vb*

édition *nf* **1** (publications) edition *n*. **2** publishing industry

éducation *nf*, education *n*

effacer *vb* **1** (gen) wipe *vb* out. **2** (comp) delete *vb*

effaceur *nm*, rubber *n* (board rubber)

effectif *nm*, number of staff, workforce *n*; **la société a un effectif de 1200 personnes**, the company has a workforce of 1200

effectuer *vb* (eg un sondage), carry *vb* out (eg a survey)

effet *nm* (de/sur), effect *n* (of/on); **effet de commerce** (fin), bill of exchange; **effet de levier** (fin), leverage *n*, gearing *n*; **effet secondaire**, side effect

effets à payer (accounts), bills due

efficace *adj*, effective *adj*

efficacité *nf*, efficiency *n*

s'effondrer *vb*, collapse *vb*, slump *vb*, plummet *vb* (rates, results)

s'efforcer *vb* **de ...**, try *vb* to, endeavour *vb* to

effraction *nf* (law), break-in; **entrer** *vb* **par effraction**, burgle *vb*

égal (-e) *adj* **à ...**, equal *adj* to ...

égaler *vb*, equal *vb*

élaborer *vb*, work *vb* out (eg plan, proposal)

s'égarer *vb*, go *vb* astray, get *vb* lost (post, parcels etc)

élargir *vb*, widen *vb*

électronique *adj*, electronic *adj*

électronique *nf*, electronics *n*

élevé (-e) *adj*, high *adj* (eg price); **le prix est très élevé**, the price is very high

s'élever *vb* **à ...**, total *vb* (amount to)

éligible, être *vb* **éligible (pour)**, be *vb* eligible (for)

éliminer *vb*, eliminate *vb*

élingue *nf* (t+d), sling *n*

emballage *nm* (mktg, sales), package *n*, wrapping *n*; **emballage** *nm* **perdu**, non-returnable (disposable)

emballé (-e) *adj* (imp/exp), packed, wrapped *adj*

emballer *vb* (imp/exp), pack *vb*, wrap *vb*

embargo *nm*, embargo *n*, ban *n*

embarquement *nm* (gen, t+d), embarcation *n*

embarquer *vb* (les passagers), take *vb* on (passengers)

embauche *nf*, hiring *n* (of staff)

embaucher *vb* (pers), take *vb* on (employee), employ *vb*

embouteillage *nm*, traffic jam

émettre *vb* **1** issue *vb* (shares etc). **2** broadcast *vb*

émission *nf* **1** (stock market) issue (of shares); **émission de droits de souscription**, rights issue. **2** (radio, TV) broadcast *n*

s'emparer *vb* **des parts d'un marché**, steal *vb* market share

empêcher *vb*, prevent *vb*

empiéter *vb* **sur un brevet** (law), infringe *vb* a patent (law)/a copyright

empilé (-e) *adj*, stacked *adj*

empiler *vb*, stack *vb*

emplacement *nm*, location *n*, site *n* (eg for machine)

emploi *nm*, employment *n*, occupation *n*, job *n*; **emploi intérimaire**, temporary employment; **emploi à mi-temps** (pers), half-time employment; **emploi saisonnier**, seasonal employment

employé (-e) *nm/f*, employee *n*

employer *vb*, employ *vb*

employés *nmpl*, staff *n*, employees *npl*

employeur *nm*, employer *n*

emprunt *nm*, loan *n* (from someone); **emprunt à faible taux d'intérêt**, low interest loan; **emprunt à long /à court terme**, long/short-term loan

emprunter *vb*, borrow *vb*

emprunts *nmpl* (fin, accounts), borrowings *npl*

encours *nm* (accounts), ≈ outstanding, in progress; **encours de production**, work in progress

ENA, Ecole Nationale d'Administration, elite school for future senior civil servants

encadrement *nm* **du crédit**, credit regulation, ≈ credit squeeze

encadrer vb 1 (gen) support vb. 2 (fin) limit vb (eg credit)

encaisser vb 1 cash vb (in). 2 net vb; **ils ont encaissé 50000 FF**, they netted 50000 FF

encart nm (mktg, sales), insert n

enchères, vente nf **aux enchères**, auction n

encombrement nm 1 the space taken up by something ≈ the dimensions. 2 congestion n (eg of traffic or flow of materials)

encouragement nm (mktg, sales), incentive n

endettement nm, burden of debt, amount of debt

endommagé (-e) adj, damaged adj

endossé (-e) adj (fin), endorsed

endosser vb, endorse vb

enfants nmpl, **nombre d'enfants**, children npl, number of children (forms, cv)

enfreindre vb, contravene vb; **enfreindre la loi**, break the law

engagé, être vb **engagé** (-e) **dans ...**, to be vb involved in ... (active in)

engagement nm 1 (gen) appointment n. 2 (law) binding agreement

engagements nmpl (fin, accounts), liabilities npl; **honorer ses engagements**, meet his/her commitments

engager vb **des négociations**, enter vb negotiations

engager vb **des poursuites** (judiciaires), take vb legal action

s'engager vb **à ...**, undertake vb to...

enlèvement nm 1 kidnapping n. 2 collection n (of load); **enlèvement et livraison** (imp/exp, t+d), P+ D, pick-up and delivery

énorme adj, huge adj

enquête nf 1 (gen) inquiry n. 2 (law) investigation n; **mener** vb **une**

enquête (law), carry vb out an investigation

enregistrer vb 1 (travel) register vb, check in vb. 2 (figures) record vb; **enregistrer une hausse**, record an increase. 3 (eg on tape) record; **enregistrer un message**, record vb a message; **enregistrer une commande**, book vb an order

enseignement nm, education n (teaching)

ensuite conj, then conj, after that conj

entamer vb **des négociations**, open vb negotiations

entendre vb, hear vb

s'entendre vb, reach vb an understanding, agree vb

entériner vb, endorse vb (a decision)

entourer vb 1 (gen) surround vb. 2 (form-filling) ring vb, circle vb

entraînement par ..., driven by ...

s'entraîner vb, practise vb

entre prep, between prep

entrée nf, admittance n, entrance n; **entrée gratuite**, free admission

entreposage nm (t+d), warehousing n; **entreposage frigorifique** (t+d), refrigerated storage

entreposer vb, store vb, warehouse vb

entrepôt nm, warehouse n; **entrepôt des douanes**, bonded warehouse

entreprendre vb, undertake vb

entrepreneur nm, contractor n; **entrepreneur de transport combiné**, CTO, combined transport operator; **entrepreneur de transport multimodal** (imp/exp), MTO, multimodal transport operator; **entrepreneur de transport routier**, haulier n

entreprise nf, company n

entrer vb 1 enter vb, go vb in; **entrer**

vb **au bassin**, dock *vb*. **2** enter *vb* (information, etc) **entrer des données** (comp), input *vb* data. **3 entrer en contact avec**, get *vb* in touch with

entretenir *vb*, maintain *vb* (eg machine), take *vb* care of; **entretenir** *vb* **des relations commerciales avec ...**, have *vb* business dealings with ...

entretien *nm* **1** interview *n*; **faire** *vb* **passer un entretien à un candidat**, interview *vb* an applicant. **2** discussion *n*, conversation *n*. **3** maintenance *n*, servicing *n*; **contrat d'entretien**, service contract

enveloppe *nf* **1** (stationery) envelope *n*; **enveloppe** *nf* **timbrée pré-adressée**, addressed envelope. **2** (fin) budget, budget package

environ *adv* (figures), around *adv*, roughly *adv*

environs, aux environs de ..., around, about, in the neighbourhood of ...

envoi *nm*, consignment *n*, shipment *n*; **envoi contre remboursement**, (mktg, sales), COD, cash on delivery; **envoi spécial** (t+d), by special courier

envoyer *vb* (à), send *vb* (to), despatch *vb*; **envoyer par la poste/par courrier**, mail *vb*; **envoyer un télex**, telex *vb*

épargner *vb* (fin), save *vb* money (eg put money into savings account)

épeler *vb*, spell *vb* out (a word)

éplucher *vb* **les comptes**, check *vb* the accounts (in detail)

épreuve, à l'épreuve de ..., ...-proof *adj*; **à l'épreuve de l'humidité**, damp-proof *adj*; **à l'épreuve des chocs**, shock-proof *adj*

épuisé (e) *adj* **1** (gen) exhausted *adj*. **2** (mktg, sales) out of stock

équilibrer *vb*, balance *vb*

équipage *nm*, crew *n*

équipe *nf* **1** (gen) team *n*. **2** (pers) shift

équiper *vb*, equip *vb*

équipement *nm* **1** (gen) equipment *n*; **équipement de base**, basic equipment; **équipement électrique**, electrical equipment *n*; **équipement d'origine**, original equipment. **2** number of large machines (eg earthmoving plant)

équipementier *nm*, motor vehicle parts manufacturer

erreur *nf*, error *n*, mistake *n*; **induire** *vb* **en erreur**, mislead *vb*

ESC, **école** *nf* **supérieure de commerce**, business school

ESCAE, **école** *nf* **supérieure d'affaires et d'administration des entreprises**, business school, usually under control of local chamber of commerce

escale *nf* (t+d), port of call, stop *n*, stopover *n*; **le bateau fait escale à ...**, the boat stops at ...

escamotable *adj*, retractable *adj*, removable *adj*, folds away

escompté (-e) *adj* **1** (fin) discounted *adj*. **2** (gen) counted on, expected *adj*; **nous n'avons pas obtenu les résultats escomptés**, we did not obtain the results we had counted on

escompte *nm*, discount *n*; **escompte de caisse** (mktg, sales), cash discount

escroc *nm*, swindler *n*

escroquerie *nf* (law), swindle *n*

espace *nm*, space *n*

espacer *vb*, space *vb* out

espèces *nfpl*, cash *n* (notes and coins)

esprit *nm* **d'entreprise**, enterprise *n* (spirit of enterprise)

essai *nm*, trial *n*; **à l'essai**, on approval; **faire des essais**, carry out trials; **période** *nf* **d'essai**, trial period

essayer vb (to try food product), sample vb, try vb

essence nf, petrol n

essor nm, surge n; **en plein essor**, booming adj

estaries nfpl (t+d), lay days

estimer vb, value vb, estimate vb

établir vb, establish vb; **établir un accord** (law), draw vb up an agreement; **établir un document** (imp/exp), draw vb up a document

étage nm, floor n; **à l'étage**, on the first floor

étagères nfpl, shelving n

étanche adj, watertight adj

étape nf, stage n (of project)

état nm 1 condition n (eg of goods). 2 state n

état nm **civil** 1 (forms, cv), personal details. 2 (gen, law) official record listing date of birth, marriage, name, etc

Etats-Unis nmpl, USA, United States of America

ETC, entrepreneur nm **de transport combiné**, CTO, combined transport operator

éteindre vb 1 extinguish vb, put vb out. 2 turn vb off (machine). 3 switch vb off (light)

s'étendre vb **à ...**, spread vb to ... (strikes etc)

Ethernet nm (comp), Ethernet n

étiquette nf, label n; **étiquette autocollante**, sticky label n; **étiquette de prix**, price tag n

étranger (-ère) adj, foreign adj

étranger (-ère) nm/f, foreigner, outsider n **à l'étranger**, abroad adv

être vb **égal** (-le) **à ...**, be vb equal to ...

étroit (-e) adj, narrow adj

étude nf, study n, survey n; **étude de cas**, case study; **étude de marché**, market survey; **étude terrain** (mktg, sales), field study

études nfpl (cv), studies npl, education n

étudier vb, study vb

EU, Etats-Unis nmpl, USA, United States of America

EURL, entreprise nf **unipersonnelle à responsabilité limitée**, limited company with one shareholder and director

évaluation nf, assessment n, appraisal n

évaluer vb, assess vb, estimate vb; **évaluer le coût**, cost vb (a project)

événement nm, event n

éviter vb, avoid vb

évoluer vb, evolve vb, develop vb

évolution nf, development n, evolution n

ex navire (imp/exp), EXS, Exs, Ex Ship

Ex, exemple nm, example n

exact (-e) adj, accurate adj

examiner vb 1 (gen) examine vb. 2 (eg property) view vb

excès de vitesse (t+d), speeding n

exclusive (-if) adj, exclusive adj

excuse nf, apology n, excuse n

excuser vb, excuse vb

s'excuser vb, apologise vb

exécuter vb, execute vb, carry vb out; **exécuter une commande** (mktg, sales), process vb an order; **exécuter des instructions**, carry vb out instructions; **exécuter un programme** (comp), run vb a programme

exemplaire nm, copy n (of book, magazine); **en double exemplaire**, in duplicate; **exemplaire**

signé (documents), signed copy

exercer vb (eg un métier), practise vb (eg a trade)

exercice nm (financier), accounting period; **exercice** nm **commercial**, trading year

exigeant (-e), adj, demanding adj

exiger vb, demand vb

exigibilités nmpl (accounts), current liabilities

exigible ... (date) adj, due (date)... adj

exonération nf **d'impôts** (fin), tax exemption

exp, expéditeur, from, sender n

expansion nf, expansion n; **en expansion** expanding adj; **société en pleine expansion**, expanding company

expédier vb, despatch vb, ship vb, send vb off

expéditeur nm, sender n, shipper n

expérience nf 1 (gen) experience. 2 (cv etc) track record; **une bonne expérience dans ...**, a good track record in ..., **aucune expérience dans ...**, no track record in ...

expérience nf **professionnelle** 1 (cv), employment history, professional experience. 2 (gen) work experience

experimenté (-e) adj, experienced adj

expert nm, expert n; **expert comptable**, chartered accountant

expertise nf 1 (gen) valuation n. 2 (ins) damage assessment, survey n; **faire une expertise des dégâts**, survey the damage

exploitant nm **agricole**, farmer n

exploiter vb 1 (gen) exploit vb. 2 (fin, mktg) capitalise vb on

exportateur nm, exporter n

exportation nf (fin), export n

exposant nm, exhibitor n

exposé, faire vb **un exposé sur ...**, give vb a talk on ...

exposer vb, display vb; **exposer les grandes lignes de ...**, outline vb ... (eg a plan)

exposition nf, exhibition n; **exposition interprofessionnelle**, trade fair

exprès adv, on purpose adv, deliberately adv

exprès, expresse adj, express adj

extrémité nf, tip n, end n

F

FAB, franco à bord (imp/exp), FOB, free on board

fabricant nm maker n, manufacturer n

fabrication nf, manufacture n, fabrication n

fabriqué (-e) adj **de ...**, made of ...

fabriqué (-e) adj **en ...**, made in ...

fabriquer vb, fabricate vb, make vb (manufacture)

fac, franc d'avarie commune (imp/exp), free of general average

face, faire vb **face à**, face vb (problem, difficult situation)

facile adj, easy adj

faciliter vb, make vb easier, facilitate vb

facteur nm **1** postman n. **2** factor n (gen, maths etc)

facturation nf, invoicing n

facture nf, invoice n; **facture** f **acquittée**, receipted invoice; **facture d'avoir**, C/N, credit note; **facture consulaire**, consular invoice; **facture détaillée**, itemized bill/invoice; **facture pro forma**, pro forma invoice

facturer vb, invoice vb

facultatif (-ve) adj, optional adj (choice of action); **arrêt facultatif**, request stop

faible adj, weak adj, low adj (figures, rates)

faiblesse nf, weakness n

faiblir vb, weaken vb

faillir vb, fail vb

faillite nf, failure n (business)

faire vb, make vb, do vb; **faire une présentation**, make vb a presentation (give talk about product, company etc); **faire appel à ...**, call vb on ... (eg for help); **faire un appel d'offres**, invite vb tenders; **faire crédit** (fin), give vb credit; **faire faillite** (of business), fail vb (go bust); **faire le nécessaire pour ...**, arrange vb for ...; **faire suivre**, forward vb (letter); **faire de la voile** (hobby, sailing), sail vb

faisabilité nf, feasibility n; **étude** nf **de faisabilité**, feasibility study

fait (-e) adj, made adj; **fait de ...**, made of ...; **fait** (-e) **sur commande**, made to order; **fait** (-e) **sur mesure**, made to measure

familial (-e) adj, (mktg, sales), large size, family size

FAO, fabrication nf **assistée par ordinateur** (comp), CAM, computer aided manufacture

FAO, formation nf **assistée par ordinateur** (comp), CAT, computer aided training

FAP, franc d'avaries particulières (imp/exp), FPA (imp/exp), free of particular average

faute nf, fault n, error n; **faute professionnelle** (law), malpractice n

fauteuil nm, armchair n

FED, fonds nm **européen de développement**, European Development Fund

féliciter vb, congratulate vb

félicitations nfpl, congratulations npl

ferrée, par voie ferrée (t+d), by rail

ferme adj, firm adj

fermer vb (eg une machine), switch vb off, close vb, shut vb

fermeture nf, closure n

ferraille nf, scrap iron

ferroutage (t+d), rail/road transport, piggy back traffic

ferrouter vb (t+d), piggyback vb

feu nm **vert**, green light; **recevoir le feu vert**, get the green light, get the go-ahead

feuille nf, leaf n; **feuille d'information**, newsletter n; **feuille de livraison** (imp/exp), delivery note; **feuille de route** (imp/exp), routing sheet

feuillet nm (imp/exp), leaf n, page n, small form

feutre nm, felt tip n

feux nmpl **de circulation**, traffic lights

fiabilité nf (d'un produit), reliability n (of a product)

fiable adj, reliable adj

fiche nf, file n (single card in filing system); **fiche d'état civil** (gen, law), official record listing date of birth, marriage, name, etc

fichier nm 1 card index. 2 file (container for storage of files). 3 collection of files on computer; **fichier** nm **clients**, customer/client database, customer file

fidèl (-e) adj, faithful adj

fidéliser vb (les clients), retain vb (customers), build vb customer loyalty

fidélité nf, fidelity n; **fidélité client**, customer loyalty; **fidélité à la marque**, brand loyalty

file nf, line n, queue of traffic

filiale nf, subsidiary (company); **filiale à 100%**, wholly-owned subsidiary

fin (-e) adj, fine adj

fin nf, end n

final (-e) adj, final adj

finalement adv, finally adv

financement nm, financing n

financer vb, finance vb, underwrite vb financially

finances nfpl, finance n

financier (-ière) adj, financial adj

finir vb, finish vb, complete vb

finition nf, finish n (on product)

fioul nm (imp/exp), fuel-oil n

firme nf, company n, firm n

fisc nm, Inland Revenue n

fixer vb **un prix** (mktg, sales), price vb, set vb a price

fixer vb **un rendez-vous**, make vb an appointment

flèche, qui monte (-ent) **en flèche**, soaring adj (figures, results)

fléchir vb, ease vb, sag vb (results, trends)

florissant (-e) adj, flourishing adj, thriving adj

flottant (-te) adj, floating adj

flotte nf (t+d), fleet n

fluctuation nf, fluctuation n

fluctuer vb, fluctuate vb

flux nm **de trésorerie** (fin), cash flow

FMI, Fonds nm **Monétaire International**, IMF, International Monetary Fund

FN, Front nm **National**, right-wing political party

FNAC, ('la FNAC'), Fédération nf **Nationale d'Achat**, discount stores

FNSEA, féderation nf **nationale des syndicats d'exploitants agricoles**, farmers' union

FO, force nf **ouvrière**, moderate socialist trade union

foire *nf*, fair *n*; **foire commerciale** (over 250 stands - a 'salon' is smaller), exhibition, trade fair; **foire-exposition** *nf*, trade fair

fois *nf*, times; **trois fois plus élevé/ moins élevé que ...**, three times as high/low as ...

fonctionnement *nm*, the working of something; **notre ingénieur des ventes vous en indiquera le fonctionnement**, our sales engineer will show you how it works

fonctionner *vb*, function *vb*, work *vb*; **faire** *vb* **fonctionner** (eg une machine), operate *vb* (eg a machine)

fondamental (-e) *adj*, basic *adj*

fond *nm*, bottom *n*; **au fond de ...**, at the end of ...; **au fond du couloir**, at the end of the corridor

fondé (-e) **en ...** (date), established in ... (date) (companies)

fonder *vb*, found *vb*, set *vb* up

fonds *nmpl*, fund *n*, funds *npl*; **fonds de placement** (fin), investment trust; **fonds de roulement** (fin), working capital, operating capital

force *nf* **de vente** (mktg, sales), sales force

forfait *nm* (mktg, sales), all-in price, package deal; **voyage à forfait**, package tour

formation *nf* I formation *n*. 2 training *n*; **centre** *nm* **de formation**, training centre

former *vb* I (pers) train. 2 (gen) shape *vb* form *vb*

formulaire *nm*, form *n*; **remplir un formulaire**, fill in a form; **formulaire de réservation**, booking form

formuler *vb* (eg un accord), word *vb*, formulate *vb* (eg agreement), set *vb* out

forte augmentation, steep rise

fourchette *nf*, spread *n*, bracket *n* (of figures); **dans la fourchette des 5% à 7%**, in the 5% to 7% bracket

fourgon *nm* (de marchandises) (t+d), goods wagon

fournir *vb*, supply *vb*, provide *vb*

fournisseur *nm*, supplier *n*; **fournisseur agréé**, approved supplier; **fournisseur des professionnels**, trade supplier

fournitures *nfpl* (accounts), supplies *npl*, stationery *npl*

fragile *adj*, fragile *adj*

frais/fraîche *adj* I cool *adj* (weather). 2 chilled *adj.* (wines etc) 3 fresh *adj* (vegetables etc)

frais *nmpl*, cost *n*, expenses *n*; **frais de chargement et de déchargement en sus du fret** (imp/exp), FIO, free in and out; **frais de débarquement**, landing charges; **frais de déplacement**, travel expenses; **frais dus**, charges collect; **frais d'établissement** (accounts), start-up costs; **frais d'exploitation** (fin), running/ operating expenses; **frais de fonctionnement** (fin), running costs *npl* ; **frais généraux**, overheads *npl*; **frais opérationnels** (fin), running/operating expenses; **frais de personnel**, labour costs; **rentrer** *vb* **dans les frais**, break *vb* even; **frais de tenue de compte** (fin), account charges, bank charges; **frais de transport** (t+d), transport charges; **frais de port** (t+d) I port charges. 2 carriage *n*

franc d'avarie (ins), free of average; **franc d'avarie commune**, fga, free of general average; **franc de toute avarie**, FAA, faa, free of all average; **franc d'avarie particulière**, free of particular average

franchir *vb*, go *vb* through, cross *vb* (frontier)

franchisage *nm*, franchising *n*

franchisé (-e) *nm/f*, franchisee *n*

franchise *nf* I (gen) franchise *n*. **2** (ins) excess *n*, waiver *n*. **en fran-chise** (imp/exp), exempt from duty

franchiser *vb*, franchise *vb*

franchiseur *nm*, franchisor *n*

franco, free; **franco à bord, FAB** (imp/exp), FOB, free on board; **livraison** *nf* **franco** (imp/exp, mktg, sales), free delivery; **franco le long du navire** (imp/exp), FAS, free alongside ship; **franco de port** (t+d), carriage free; **franco à quai** (imp/exp), FAQ, faq, free alongside quay; **franco transporteur** (imp/exp), free carrier; **franco wagon** (imp/exp, t+d), FOR, FOT, free on rail, free on truck

'la frappe' *nf* (offce), typing of docu-ment

fraude *nf* (law), fraude *n*; **fraude fis-cale** (law), tax evasion

frein *nm*, brake *n*

freiner *vb*, brake *vb*

fréquence *nf*, frequency *n*

fréquent (-e) *adj*, frequent *adj*

frères *nmpl*, brothers *npl*

fret *nm* (t+d), freight *n*; **fret aérien** (t+d), air cargo, air freight; **fret payable à destination** (imp/exp), FPAD, freight payable at destina-tion; **fret payé**, freight paid; **fret payé assurance comprise jusqu'à ...** (imp/exp), CIP, carriage, freight and insurance paid to ...; **fret payé jusqu'à ...** (mktg, sales), freight paid to ...; **fret pour tous genres** (de marchandises) (imp/exp), FAK, freight all kinds; **fret de retour** (t+d), back load

frigo *nm*, fridge *n*

frigorifique, conteneur *nm* **frigori-fique** (imp/exp), refrigerated con-tainer

frisure *nf*, wood wool

fuite *nf*, leak *n*

fusion *nf* (fin), merger *n*

fusionner *vb* (avec ...), merge *vb* (with ...)

fût *nm*, barrel *n*, drum *n*

G

gadget *nm*, gadget *n* (unflattering)

gagner *vb* **1** earn *vb*; **gagner de l'argent**, earn *vb* money. **2** win *vb*

gain *nm*, gain *n*

galerie *nf*, arcade *n*; **galerie marchande**, shopping arcade

gamme *nf* (mktg, sales), range (of products); **haut de gamme**, top of the range, **gamme étendue de ...**, wide selection of ...

garantie *nf*, guarantee *n*, warranty *n*

garantir *vb*, guarantee *vb*, underwrite *vb*

gare *nf*, station *n*; **gare routière**, bus or coach station; **gare SNCF**, railway station; **gare de triage** (t+d), (goods) marshalling yard

garer, se garer *vb*, park *vb*

gaspiller *vb*, waste *vb*

gaz *nm*, gas *n*; **gaz de pétrole liquéfié (GPL)**, LPG, Liquefied Petroleum Gas

gazole *nm*, diesel oil

GdF, Gaz de France, nationalized gas producer and distributor

gel *nm*, freeze *n*; **gel des prix**, price freeze; **gel des salaires**, wage freeze

geler *vb*, freeze *vb*; **geler des salaires**, freeze salaries

gendarmerie *nf* **nationale** (law), police force

gêné, être *vb* **gêné par**, be *vb* hampered by, be *vb* embarrassed by

gerbage *nm*, stacking *n*

gerber *vb* (t+d), stack *vb*, group *vb* (loads)

gérer *vb*, manage *vb*

gestion *nf*, management *n*; **gestion de fichiers** (comp), file management *n*; **système informatique d'aide à la gestion** (comp), management information system *n*

GIE, groupement d'intérêt économique (fin), ≈ association of companies for a joint venture

glisser *vb*, slide *vb* (slip down)

global (-e) *adj*, overall *adj*

gomme *nf*, rubber *vb*

gommer *vb*, rub *vb* out

goût *nm*, taste *n*

gouverner *vb*, govern *vb*

GPR, groupement professionnel routier, French hauliers' association

gracieux (-ieuse) *adj*; **à titre gracieux**, complimentary *adj*

grand (-e) *adj*, big *adj*; **grand magasin** *nm*, department store

graphique *nm*, graph *n*; **graphique à barres**, bar chart; **graphique à secteurs**, pie chart; **graphique à tuyaux d'orgue**, bar chart

graphiste *nm*, graphic artist, graphic designer

gratuit (-e) *adj*, free *adj*

grève *nf* (pers), strike *n*; **grève sur le tas** (pers), sit-down strike; **grève du zèle**, go-slow *n*, work to rule; **faire la grève du zèle**, go *vb* slow; **se mettre** *vb* **en grève**, go *vb* on strike

gros (-sse) *adj*, large *adj*; **en gros 1** wholesale *adj*; **acheter** *vb* **en gros**, buy *vb* in bulk. **2** 'roughly' (approximation)

grosse *nf*, gross *n* (12x12)

grossiste *nm*, wholesaler *n*

groupage *nm* (t+d), consolidation *n*

groupe *nm*, group *n*

grouper *vb*, group *vb*

grue *nf*, crane *n*

guichet *nm*, counter *n* (bank, post office etc); **guichet** *nm* **automatique** (fin), cash dispenser

guider *vb*, guide *vb*

habillage transparent *nm* (mktg, sales), blister pack *n*

habituel (-le) *adj*, usual *adj*

hall *nm*, concourse *n* (eg station); **hall de réception**, reception area *n*; **hall principal**, main hall

harmoniser *vb*, harmonise *vb*

hausse *nf*, increase *n*; **être** *vb* **en hausse** (de 2%), up, be *vb* up (by 2%); **être en hausse de 5000FF**, to be up by 5000FF; **forte hausse** *nf*, steep rise, boom *n*

hausser *vb* **les prix**, increase *vb* prices, mark *vb* up prices

haussier *nm* (stock market), bull *n*

haut *nm*, top *n*; **en haut de ...**, on top of ...

hauteur, prendre *vb* **de la hauteur**, get *vb* an overview

hebdomadaire *adj*, weekly *adj*

HEC, Hautes Etudes Commerciales, leading French business school

hermétique *adj*, airtight *adj*

heure *nf*, hour, time *n*; **à toute heure**, at any time; **de bonne heure**, early *adv*; **heure de pointe**, rush hour, peak hour

heures *nfpl*, hours *npl*; **heures d'affluence**, peak hours; **heures de grande écoute** (mktg, sales), prime time; **heures supplémentaires**, overtime *n*; **toutes les heures**, hourly *adj* (every hour)

H/F, homme/femme, male/female

(advertisements)

hifi, équipement *nm* **hifi**, hi fi *n*

HLM, habitation *nf* **à loyer modéré**, controlled rent housing, ≈ council housing

holding *nm*, holding company

homogène *adj*, homogeneous *adj*

homologation *nf*, homologation *n*, certification *n*

homologue *nm*, opposite number, counterpart, person in an equivalent position

honnête *adj*, honest *adj*

honoraires *nmpl*, fee(s) *npl*

honorer *vb* **un chèque**, honour *vb* a cheque

hôpital *nm*, hospital *n*

horaire *nm*, timetable *n*; **horaire d'arrivée prévue**, ETA, estimated time of arrival; **horaire de départ prévu**, ETD, estimated time of departure; **horaire flexible**, flexible working hours; **horaire libre**, flexi-time *n*; **horaire souple**, flexible working hours

horloge *nf*, clock *n*

hors service *adj*, out of service

hôte *nm* **payant**, paying guest (B + B, Bed and Breakfast)

HS, hors service, out of service, out of use

HT, haute tension, high tension (cables etc)

HT, hors taxes, net of tax, tax not included

huissier *nm*, bailiff *n*

humide *adj*, damp *adj*

humidité *nf*, damp *n*

hypermarché *nm*, hypermarket *n*, ≈ superstore

hypothèquaire, prêt *nm* **hypothèquaire**, mortgage loan *n*

hypothèquer *vb*, mortgage *vb*

I

identité *nf* **de l'entreprise**, corporate identity

IFOP, Institut *nm* **Français d'Opinion Publique** large, private opinion research institute

ignorer *vb*, ignore *vb*

illégal (-e) *adj*, unlawful *adj*

illimité (-e) *adj*, unlimited *adj*

illisible *adj*, illegible *adj*

image *nf*, image *n*; **image** *nf* **de marque** (mktg, sales), brand image

immatriculation *nf*, registration *n*

immatriculé (-e) *adj* **en ...** (of company), registered in ...

immeuble *nm*, building *n*

immobilier *nm* (fin, law), property, buildings, real estate

immobilisations *nfpl* (fin), fixed assets *n*; **immobilisations corporelles** (fin), fixed tangible assets

immobiliser *vb* **1** (gen) immobilize *vb*. **2** (fin) tie *vb* up (capital, resources etc)

impayé (-e) *adj*, unpaid *adj*

imperfection *nf*, imperfection *n*, flaw *n*

imperméabiliser *vb*, waterproof *vb*

implanté (-e) *adj* **en/dans**, (company site), located in, established in; **la société est implantée en ...**, the company is established in ...

implanter *vb*, set *vb* up (factory, company)

impliqué, être *vb* **impliqué** (-e) **dans ...**, be *vb* involved in ...

impliquer *vb*, involve *vb*

important (-e) *adj*, big *adj*

importer *vb*, import *vb*

imposable *adj*, taxable *adj*

imposé (-e) *adj*, (fin) taxed *adj*; **non imposé** (-e), tax-free

imposer *vb* (fin) **1** (fin) tax *n*. **2** (gen) impose *vb*

s'imposer *vb* **1** (gen) intrude *vb*; **je ne veux pas imposer**, I do not want to intrude. **2** (mktg, sales) establish *vb* (itself/onself); **s'imposer sur le marché**, establish oneself in the market

impôt *nm* (fin), tax *n*; **impôt local** (fin), ≈ the rates; **impôt sur les plus-values** (fin), capital gains tax; **impôt sur le revenu** (fin), income tax; **impôt sur les sociétés**, ≈ corporation tax

imprévu (-e) *adj*, unforeseen *adj*

imprimante *nf* (comp), printer *n*

imprimé *nm*, a printed paper, a standard form

imprimer *vb* (comp), print (off/out) *vb*

imprimés *nmpl*, printed papers/printed matter

imprimeur *nm* (occupation), printer *n*

inattendu (-e) *adj*, unexpected *adj*

inaugurer *vb*, open *vb*, use *vb* for first time

incendie *nm*, fire (accidental); **incendie criminel**, arson *n*

inchangé (-e) *adj*, unchanged *adj*

incitation *nf* **financière**, financial incentive

inclus (-e) *adj*, inclusive *adj* (of)

inconvénient *nm*, disadvantage *n* (drawback)

incorporel (-le) *adj* (accounts),

intangible *adj*

inculper *vb* (d'un crime) (law), charge *vb* somebody (with a crime)

indemnisation *nf*, compensation *n*, indemnisation; **demande** *nf* **d'indemnisation**, claim *n*

indemniser *vb* (ins), compensate *vb* (for)

indemnité *nf* (fin), allowance, weighting; **indemnité de résidence (région parisienne)**, Paris weighting

indépendant (-e) *adj*, independent *adj*

indexation *nf* (fin), indexing, index linking

indexé (-e) *adj* (fin), index linked

indexer *vb* **les prix**, peg *vb* prices

indicateur *nm* **1** (fin) indicator *n*, pointer *n*; **indicateur de tendances** *nm* (fin), ≈ economic indicator. **2** police informer

indicatif *nm* (telephone), area code, STD number

indice *nm* (fin), index; **indice du coût de la vie**, cost of living index; **indice d'écoute** (TV, radio), ratings

indiquer *vb*, indicate *vb*, point *vb* out; **indiquer un prix** (mktg, sales), quote *vb* a price

indispensable *adj*, indispensable *adj*

industrie *nf*, industry *n*; **industrie pharmaceutique**, pharmaceutical industry

industriel (-le) *adj*, industrial *adj*

industriel *nm*, industrialist *n*

industries *nfpl* **de transformation**, manufacturing industries

INED, Institut *nm* **National d'Etudes Démographiques** national demographic research institute

inexact (-e) *adj*, inaccurate *adj*, not quite correct

inflation *nf* inflation *n*

influencé (-e) **par ...**, influenced by ...

influence, avoir *vb* **de l'influence sur ...**, have *vb* an influence on ..., have *vb* an effect on ...

influer *vb* **sur**, affect *vb* (have an effect on)

infographie *nf*, computer graphics

informations *nfpl*, news *n* (radio/TV news)

informatique *nf* (comp), informatics, computing *n*

informer *vb*, inform *vb*, notify *vb*

infraction *nf* (law), offence *n*

ingénieur *nm* **des ventes** (mktg, sales), sales engineer

initial (-e) *adj*, initial *adj*

initier *vb*, initiate *vb*

injuste *adj*, unfair *adj*

innovation *nf*, innovation *n*

innover *vb*, innovate *vb*

inopportun (-e) *adj*, untimely *adj*

s'inquiéter *vb* (de), worry *vb* about

inquiétant *adj*, worrying *adj*

INRA, Institut *nm* **National de la Recherche Agronomique**, French agricultural research institute

inscrire, s'inscrire *vb*, register *vb*

INSEE, Institut *nm* **National de Recherche de la Statistique et des Etudes Economiques**, ≈ central statistical office; **numéro INSEE**, national identity number

insérer *vb*, insert *vb*

insister *vb* (sur), stress *vb*, insist *vb* on, emphasise *vb*

insonorisé (-e) *adj*, soundproofed *adj*

inspecter *vb*, inspect *vb*

installation *nf* **1** (activity) installation

n. **2** (equipment) plant *n*

installer *vb*, install *vb*

instructions *nfpl* **pour expédition**
(t+d), shipping instructions

insure *vb* **something against ...**,
assurer *vb* quelque chose contre ...

intégrer *vb*, incorporate *vb*, integrate
vb

intensifier *vb*, intensify *vb* (eg cam-
paign)

intenter *vb* **un procès contre ...**
(law), institute *vb* proceedings
against ...

intenter *vb* **une action** (law), take
vb legal action against

interdire *vb*, ban *vb*, prohibit *vb*

intéressement *nm* **aux bénéfices**
(optional for French companies),
profit sharing

s'intéresser *vb* **à ...**, be *vb* interested
in ...

intérêt *nm*, interest *n*

intérêts *nmpl* (bank, fin), interest *n*
(eg on loan)

interfacer *vb* (comp), interface *vb*

intérieur (-e) *adj* **I** domestic *adj*. **2**
internal *adj*

intérimaire *adj*, temporary *adj*; **tra-
vail intérimaire**, temporary work,
'agency work'

intermittent (-e) *adj*, intermittant
adj

intern (-e), *adj* **I** in-house *adj*. **2**
internal *adj*

interpeller *vb* **I** (gen) **je me sens
interpellé par**, this strikes a
chord. **2** (law) question *vb* (legal
inquiry)

interpréter *vb*, interpret *vb*

interrupteur *nm*, switch *n*

intervenir *vb*, intervene *vb*

intervention *nf* **I** (in meeting) con-
tribution *n*. **2** intervention *n*

interviewer *vb*, interview *vb*

introduire *vb*, introduce *n*; **intro-
duire** *vb* **par étapes**, phase *vb* in;
introduire une nouvelle idée,
introduce a new idea

inutilisable *adj*, unserviceable *adj*

invendable *adj*, unsalable *adj*

invendu (-e) *adj*, unsold; **articles** *nm*
invendus, 'les invendus', unsold
items

inventaire *nm* (fin) **I** inventory *n*,
stock *n*; **faire l'inventaire**, stock-
taking, do a stock take. **2** stock list

inventer *vb*, invent *vb*

inverser *vb*, reverse *vb* (a trend, the
sequence or order); **la tendance
s'est inversée**, the trend has
reversed

investir *vb* (dans ...) (fin), invest *vb*
(in ...)

s'investir *vb* **dans ...**, commit *vb* one-
self to ...

investissement *nm* (fin), investment *n*

investisseur *nm* (fin), investor *n*

invitation *nf*, invitation *n*

invité (-e) *nm/f*, guest *n*

inviter *vb*, invite *vb*

irrégulier (-ère) *adj*, uneven *adj*
(results)

isolé (-e) *adj* **I** insulated *adj*. **2** isolat-
ed *adj*

itinéraire *nm* (t+d), route *n*

IUT, Institut *nm* **Universitaire de
Technologie** ≈ a polytechnic but
often has a lower percentage of
degree level students

jardinerie *nf*, garden centre

jetable *adj*, disposable *adj*

jeter *vb*, throw *vb*

jeu *nm* **complet de ...** (imp/exp), a complete set of ...

jeu *nm* **de documents**, set of documents

jeu, en jeu, at stake

JO, Le Journal Officiel, ≈ The London Gazette

joindre *vb* **1** (correspondence) include *vb*, enclose *vb* (eg with letter); **je joins un exemplaire de notre brochure**, I enclose a copy of our brochure. **2** (telephone) get *vb* in touch with; **j'ai essayé de vous joindre ce matin**, I tried to get in touch with you this morning

jour *nm*, day *n*; **être** *vb* **à jour**, be *vb* up-to-date

journal *nm* **1** (accounts) day book. **2** (gen) diary *n*. **3** (gen) newspaper *n*; **journal à distribution gratuite**, free sheet *n*; **journal interne** (mktg, sales), in-house magazine; **journal professionnel**, trade magazine

journée *nf*, day *n* (length of time); **journée réservée aux professionnels**, trade day; **une journée de réunions**, a day of meetings

juge *nm* (law), judge *n*; **juge d'instruction** (law), ≈ examining magistrate

jugement *nm* **1** (gen) judgement *n*. **2** (law) sentence *n*

juger *vb* (law), judge *vb*

juguler *vb* **l'inflation**, check *vb* inflation

jury *nm* **1** (law) jury *n*. **2** (education) exam board, exam panel

jusqu'à ..., up to ...; **jusqu'à concurrence de 50 000FF**, up to 50 000FF

juste *adj*, fair *adj*

juste *adv*, just *adv* (barely); **ils ont tout juste réussi à ...**, they just managed to ...

juste *nm* **à temps**, JIT, Just in Time

justice *nf*, justice *n*

justifier *vb*, warrant *vb*, justify *vb*

K

kilométrage *nm*, mileage *n*

kit *nm*, kit *n*

L

laine *nf*, wool *n*; **en laine**, woollen *adj*

laminer *vb*, laminate *vb*

LAN, réseau LAN (comp), LAN network

lancement (d'un produit) *nm* (mktg, sales), launch of a product

lancer *vb*, launch *vb*; **lancer une campagne**, start *vb* a campaign; **lancer un emprunt**, float *vb* a loan; **lancer une société**, float *vb* a company

lanceur *nm* **d'affaires**, promoter *n* (starts businesses)

langues *nfpl* **pratiquées** (cv), languages spoken

légal (-e) *adj*, legal *adj*

légèrement, slightly; **légèrement plus élevé/moins élevé que ...**, slightly higher/lower than ...

lettre *nf*, letter *n*; **lettre d'accompagnement** (imp/exp), packing note/list; **lettre de candidature**, letter of application; **lettre de change** (fin), bill of exchange; **lettre de crédit** (imp/exp), Letter of Credit; **lettre de crédit irrévocable**, irrevocable letter of credit; **lettre de crédit renouvelable** (imp/exp), revolving letter of credit; **lettre de crédit revolving** (fin), revolving letter of credit; **lettre de transport aérien, LTA** *nf*, AWB, air waybill; **lettre de voiture** (imp/exp), waybill, certificate of shipment

lettres *nfpl* **d'imprimerie** (imp/emp), print; **écrire en lettres**

d'imprimerie, please print

lever vb 1 lift vb (object, restriction); **lever un embargo**, lift an embargo. 2 levy vb, **lever des impôts**, levy vb taxes; **lever une option**, take vb up an option

liaison nf (travel), link n

liasse nf (documents), collection of documents / papers

libeller vb (fin), draw vb up, make vb out (document); **libeller un chèque au nom de ...**, make out a cheque in the name of ...

libéralisation nf, liberalisation n

libérer vb 1 (gen) free vb, liberate. 2 (fin, imp/exp) release vb (eg goods)

libre-service nm, self-service

licence nf 1 (gen) licence n. 2 (education) ≈ degree n; **licence en droit**, law degree

licenciement nm (pers) 1 redundancy n, outplacement n. 2 sacking n

licencier vb (pers), sack vb, lay vb off, make vb redundant

lier vb, link vb, bind vb

lieu nm, place n; **lieu de chargement** (imp/exp), place of loading; **lieu de destination** (imp/exp), place of destination; **lieu de réception** (imp/exp), place of receipt; **lieu de réunion**, venue n

lieux, sur les lieux, on the premises

ligne nf, line n; **ligne directe**, direct line; **ligne de produits**, product line; **en ligne** 1 (gen) in line. 2 (comp) on-line

limite nf, limit n

limiter vb, limit vb

linéaire nm (mktg, sales), shelf space

liquidation nf, liquidation n; **mettre vb en liquidation**, wind vb up; **liquidation du stock**, clearance sale

liquide, en liquide, in cash

liquider vb, sell vb off (eg surplus stock); **liquider des stocks** (mktg, sales), clear vb stocks

liquidité nf, liquidity n; **connaître vb des problèmes de liquidité**, have vb liquidity problems

listage nm (comp), printout n; **faire vb un listage** (comp), make vb a print-out

liste nf, list n; **liste d'adresses**, mailing list; **liste de colisage** (imp/exp), packing list; **liste de contrôle**, check list; **faire vb une liste de...**, list vb ... (make a list of ...)

listing, faire vb un listing (comp), make vb a print-out

litige nm (law), litigation n

livraison nf, delivery n; **livraison exprès**, express delivery; **livraison franco** (mktg, sales), free delivery; **livraison incomplète**, short delivery; **livraison partielle** (t+d), part delivery; **livraison rapide** (t+d), rapid delivery

livré (-e) adj (imp/exp, t+d), delivered adj

livre nf **sterling**, pound sterling

livrer vb (t+d), deliver vb

locataire nm, lessee n

location nf, hire n, rental n; **en location**, hired; **location de voiture**, car hire

location-vente nf, hire purchase

locaux nmpl, premises npl

logement nf **de fonction**, company accommodation

logiciel nm (comp), software n; **logiciel spécialisé**, dedicated software; **logiciel de traitement de texte** (comp), wordprocessing software n

logo nm, logo n

logotype nm, logo n

loi nf, law n

loisirs *nmpl*, leisure *n*

long (-ue) *adj*, long *adj*; **long courrier** (travel), long haul; **long terme** (fin), long-term

longtemps *adv*, long *adv* (long time)

longueur *nf*, length *n*

lors de ... *adv*, at the time of ...

lorsque *adv*, when *adv*

lot *nm*, batch *n*, consignment *n* (one of series of shipments)

loué(e) *adj*, hired *adj*

louer *vb* 1 hire *vb, rent vb*; **louer une voiture**, hire a car; **louer un espace**, rent *vb* space; **louer un stand** rent *vb* a stand. 2 lease *vb* (to someone)

loueur *nm* **de fichiers**, list broker

loyer *nm* (fin), rent *n*, cost of hire; **le taux du loyer de l'argent**, the interest rate

LTA (imp/exp, t+d), **lettre** *nf* **de transport aérien**, AWB, air way-bill

luxe *nm*, luxury *n*

luxueux (-se) *adj*, luxurious *adj*

macaron *nm*, badge *n*

machine *nf*, 1 machine *n*; **machine à écrire**, typewriter *n*; **machine à sous**, slot machine; **machine à traitement de texte**, word-processor *n*; 2 faire *vb* **machine arrière**, reverse *vb* (eg a vehicle)

machines *nfpl*, machinery *n*

machines-outils *nfpl*, machine tools

magasin *nm*, shop *n*; **magasin à rayons multiples**, department store; **magasin à succursales multiples**, chain store; **en magasin**, in stock

magazine *nm*, magazine *n*

magnétophone *nm*, tape recorder *n*

magnétoscope *nm*, VCR, video-cassette recorder

magnétoscoper *vb*, video *vb*

mailing *nm* (mktg, sales), mailshot *n*

maillage *nm* 1 networking *n* (co-operation between companies). 2 (comp) networking of computers

main *nf* **d'oeuvre**, labour force, manpower *n*

maintenance *nf*, maintenance *n*

mairie *nf*, mayor's office

maison *nf* **jumelée**, semi-detached house

maison *nf* **particulière**, detached house

majoration *nf*, mark-up *n* (increase in price)

majorer *vb*, increase *vb* (eg price)

majuscule nf, capital letter

malade adj, sick adj

malus nm (ins), loss of no claims bonus

malversation nf (law), embezzlement n

manager vb, manage vb

mandat nm 1 (law) writ n, warrant n. 2 (politics) term of office. 3 (post) postal cheque

maniement nm, handling n, use n; **de maniement facile**, easy to use, handles easily

manifeste nm (t+d), manifest n

manifester vb (contre), demonstrate vb (against)

manoeuvrer vb, manoeuver vb

manque nm **de ...**, lack of ..., shortage of...

manquer vb **de ...**, lack vb ..., be vb short of ...

manuel (-le) adj, manual adj

manuel nm, handbook n; **manuel** nm **d'instructions**, operator's manual

manutention nf (t+d), handling n (of goods); **manutention** nf **de fret** (t+d), freight handling

manutentionnaire nm (t+d), cargo handler

manutentionner vb (t+d), handle vb (cargo, consignments of goods)

maquette nf, model n (scale model)

marasme nm (fin), slump n

marchander vb, bargain vb, haggle vb

marchandise nf, goods npl

marche, mettre vb **en marche** (une machine), turn vb on (a machine)

marché nm 1 deal; **marché conclu!**, it's a deal! n. 2 market n; **marché des actions** (fin), share market; **marché des changes** nm (fin), foreign exchange market; **marché de contrats à terme**, futures market n; **marché intérieur**, home market; **marché monétaire** nm (fin), money market; **marché obligataire** (fin), bond market, debenture market; **marché en pleine expansion**, expanding market; **marché unique**, single market; **besoins** nmpl **du marché**, market demand n; **détenir** vb **une part du marché** (mktg, sales), have vb a share of the market; **mettre** vb **sur le marché** vb, market vb (a product)

marché, bon marché adj, cheap adj (low cost)

marcher vb 1 walk vb. 2 (machines, plans, ideas) work vb; **votre système marche très bien**, your system works very well

marchéage nm marketing mix n, ≈ marketing n

marée nf, tide n; **marée haute**, high tide; **marée basse**, low tide

marge nf (fin), margin n; **marge bénéficiaire** (mktg, sales), profit margin, mark-up n; **marge brute d'autofinancement**, cash flow n (pre-tax); **marge de marque** (mktg, sales), mark-up n; **marge nette d'autofinancement**, net cashflow n

marginal (-e) adj, marginal adj

marié (-e) adj, married adj

marina nf, marina n

marketing nm, marketing n; **marketing direct**, direct marketing; **marketing événementiel**, events marketing

maroquinerie nf, leather goods npl

marque nf, brand name, make n; **marque déposée**, trade mark; **marque de distributeur** (mktg, sales), own brand, unbranded adj

marqueur nm, marker pen n

masse nf **salariale** (fin), payroll n

massif *adj*, solid *adj*; **en or massif**, in solid gold

matériau *nm*, material *n* (eg building materials)

matériaux *nmpl*, materials *npl*

matériel *nm* (comp), hardware *n*

matière première *nf*, raw material

maximal (-e) *adj*, maximum *adj*

maximiser *vb*, maximize *vb*

MBA, marge *nm* **brute d'autofinancement** (provisions + résultat net après impôt), cashflow

Me, Maître, title of a solicitor or barrister

mécanisme *nm*, machinery *n* (working parts), mechanism *n*

mécène *nm*, sponsor *n*

médecin *nm* **généraliste**, GP, General Practitioner

médias, les médias *nmpl*, the media *npl*

médical (-e) *adj*, medical *adj*

meilleur (-e) *nm/f*, best *n*; **il est le meilleur**, he's the best

mêlé (-e) **à, être** *vb* **mêlé** (-e) **à ...**, be *vb* involved in ..., be *vb* mixed up in ... (eg something illegal)

membre *nm* **du conseil d'administration**, board director, member of the board

mémoire *nf* (comp), memory *n*; **mémoire à accès direct** (comp), RAM *n*; **mémoire de masse** (comp), bulk storage; **mémoire morte** (comp), ROM; **mémoire vive** (comp), RAM *n*

menace *nf*, threat *n*

ménager (-ère) *adj*, domestic *adj*

ménagers, articles *nmpl* **ménagers**, household equipment/goods

mener *vb*, lead *vb*; **mener** *vb* **à bien**, carry *vb* out; **mener une**

enquête, investigate *vb*

mensualisé (-e) *adj*, monthly paid *adj*

mensuel (-le) *adj*, monthly *adj*

mentions *nfpl* **inutiles, barrer les mentions inutiles**, cross out items which do not apply

menu *nm* (comp), menu *n*

mer *nf*, sea *n*

mercatique *nf*, marketing *n*

message *nm*, message *n*; **message enregistré**, recorded message *n*; **message publicitaire**, commercial *n*

messagerie *nf* (t+d), distribution or delivery service; **messagerie électronique** (comp), electronic mail; **messagerie express**, express parcels delivery service

mesure *nf*, measure *n*; **prendre des mesures énergiques**, take drastic measures; **être** *vb* **en mesure de ...**, be *vb* in a position to ...; **fait** (-e) **sur mesure**, made to measure

mesurer *vb*, measure *vb*

métier *nm*, craft *n*, trade *n*

mettre *vb*, put *vb*; **mettre en adjudication**, put *vb* out to tender; **mettre en cause**, challenge *vb*, question *vb*; **mettre au courant** (de), brief *vb* (on/about); **mettre en danger**, jeopardize *vb*; **mettre en marche**, switch *vb* on; **mettre en place**, put *vb* in place; **mettre au point 1** finalise *vb*, put *vb* the finishing touches to. **2** (comp) debug *vb*. **mettre à la porte** (strong), sack *vb*, dismiss *vb*; **mettre sous scellés** (imp/exp), impound *vb*; **mettre un nouveau produit sur le marché**, introduce *vb* a new product; **se mettre d'accord**, come *vb* to an agreement

mi-temps (pers), part-time

micro-ordinateur *nm*, PC. personal computer

microphone nm (mktg, sales), microphone n

minerai nm, ore n

mineur (-e) adj, minor adj

mini-ordinateur nm (comp), mini computer n

minimiser vb, minimize vb

minimum adj, minimum adj

ministère nm **du commerce et de l'industrie**, ≈ DTI, Department of Trade and Industry

mise nf **à terre, magasinage et livraison** (imp/exp, t+d), LSD, loading, storage and delivery

mise nf **de fonds**, capital outlay, financial stake, investment

miser vb **sur**, bet vb on

MNEF, Mutuelle nf **Nationale des Etudiants de France**, national students insurance office

Mo, méga octets (comp), ≈ Mb, megabytes, used to indicate computer memory capacity in France

mobile adj, sliding adj (eg rates); **un échelle mobile**, a sliding scale

mobiles,... à feuilles mobiles, loose leaf ...

mobilier nm **de jardin**, garden furniture n

mobiliser vb, mobilise vb, make vb available

mobilité nf **géographique** (pers) willing to relocate

modalités nfpl **de paiement**, methods of payment

mode nf **d'emploi**, directions for use

modèle nm, model n

modérer vb, moderate vb

moderniser vb, modernize vb, upgrade vb

modifier vb, alter vb, modify vb, change vb; **nous pouvons modifi-er le contenu selon les besoins du client**, we can alter the contents according to the customer's needs

modulaire adj, modular adj

modulation nf **de fréquence**, FM, frequency modulation

module nm, module n

moins ... prep, minus ... prep

moins que ..., less than ...

mois nm, month n; **à ... mois de date** (fin), ... months after date; **à ... mois d'échéance** (fin), ... months after date; **à ... mois de vue** (fin), ... months after sight

moitié prix, half price

mondial (-e) adj, worldwide adj

moniteur nm (comp), monitor n

monnaie nf **1** change n (eg for large note). **2** currency n; **la monnaie américaine**, American currency

Monsieur, Dear Sir; **Je vous prie d'agréer, Monsieur/Madame, mes salutations distinguées**, Yours faithfully

montage nm, assembly n; **montage** nm **financier** (fin), financial package; **montage** nm **par robot**, robot assembly n

montant nm (fin), amount n

monté (-e) adj (kits etc), assembled adj

monter vb **1** climb vb, go vb up; **monter** vb **de ...**, go vb up by ... (rates, prices); **monter** vb **en flèche** (sales, rates etc), soar vb. **2** fit vb, assemble vb, put vb up; **monter** vb **un stand** (mktg,sales), put vb up a stand. **3** (transport) lift vb, carry vb up, raise vb

se monter vb **à ...**, total vb

monteur nm, assembler n

montrer vb, indicate vb, show vb

moratoire nm (fin), moratorium n

morose *adj*, sluggish *adj* (eg stock market, sales)

mort (-e) *adj*, dead *adj*

mot *nm* **1** word *n*; **mot** *nm* de **passe** (gen, comp), password *n*. **2** short note *n*

motard *nm* (law), motorcycle policeman

moteur *nm* **diesel**, diesel engine

moteur *nm* **thermique**, internal combustion engine

motif *nm* **1** pattern *n* (design, ornamentation). **2** motive *n*

motivation *nf*, motivation *n*

motiver *vb*, motivate *vb*

mouchard *nm* (offce), copy of telex message made as message is transmitted

mouillage, poste *nm* de **mouillage**, berth *n* (harbour)

mouillé (-e) *adj*, wet *adj*

mouiller *vb* (t+d), moor *vb*

moulage *nm*, shaping *n*, casting *n*; **moulage de précision**, precision casting

mouler *vb*, shape *vb*, cast *vb*

moyen (-ne) *adj*, average *adj*; **le taux moyen**, the average rate

moyen *nm* de **paiement** (fin), method of payment

moyen *nm* de **transport**, (imp/exp, t+d), mode of transport

moyenne *nf* **1** average *n*; **atteindre** *vb* **une moyenne de ...**, reach *vb* an average of ...; **faire** *vb* **la moyenne** (de), calculate *vb* the average (of). **2** (maths) mean *n*

moyens *nmpl*, means *npl*

MRG, Mouvement *nm* **des Radicaux de Gauche**, left-wing political party

multiplier *vb* (par), multiply *vb* (by)

municipal (-e) *adj*, municipal *adj*

municipalité *nf*, local authority

mûr (-e) *adj* **1** ripe *adj*. **2** mature *adj* (personal quality)

mutuel (-le) *adj*, mutual *adj*

nantissement *nm* (fin), collateral *n*

national (-e) *adj*, national *adj*

nationalisation *nf*, nationalisation *n*

nationalisé (-e) *adj*, nationalised *adj*

nationaliser *vb*, nationalise *vb*

nationalité *nf*, nationality *n*

nature, en nature, in kind

naval (-e) *adj*, naval *adj*

navette *nf*, shuttle *n*

navire *nm* (t+d), ship *n*, vessel *n*;
navire citerne, tanker *n*; **navire à vapeur**, steamship *n*

né (-e) **le 12 juin 1972**, born 12 June 1972

néant *nm*, nul (form-filling), N/A, not applicable

nécessaire, faire *vb* **le nécessaire pour ...**, arrange *vb* for ...

négligé (-e) *adj*, uncared for *adj*, untidy *adj*

négliger *vb* (de), fail *vb* to do something

négociable *adj* **1** negotiable *adj*. **2** (securities) transferable *adj*

négociation *nf*, negotiation *n*

négocier *vb*, negotiate *vb*

neige, faire *vb* **boule de neige**, snowball *vb*

net (-te) *adj* (fin), net *adj*

nettement *adv*, considerably *adv*;
nettement plus élevé, considerably higher

neuf (-ve) *adj*, new *adj*

(products=unused, brand new)

NF, Norme Française, ≈ British Standard

niveau *nm*, level *n*

noeud *nm* **de communication** (comp), node *n*

nom *nm*, name *n*

nombre *nm*, number *n* (quantity);
nombre de lecteurs, readership *n* (number of readers)

nomination *nf*, nomination *n*

nommer *vb*, appoint *vb*; **nommer un administrateur judiciaire** (fin), call *vb* in the receiver

non-consigné (-e), no deposit , non-returnable

norme *nf*, standard *n*, norm *n*

normes *nfpl* **de sécurité**, safety standards

notaire *nm* (law), ≈ solicitor *n*

note *nf* **de colisage** (imp/exp), packing note/list

note *nf* **de couverture** (ins), cover note

note *nf* **de service**, memo *n*

noter *vb* make *vb* a note of, note *vb* (write down details of something)

notice *nf* **d'emploi**, instructions for use

notice *nf* **publicitaire**, blurb *n*

nouveau (-elle) *adj*, new *adj*

nouveauté *nf*, novelty *n*

novateur (-rice) *adj*, innovative *adj*

N/ref, notre référence, our ref, our reference

nul (-le) *adj*, nil *adj*; **nul** (-le) **et non avenu** (e), null and void

numérique *adj* (comp), digital *adj*;
par ordre numérique, in numerical order

Numéris, trade name of **le 'réseau numérique à intégration des**

services' (comp), ≈ ISDN network

numérisé (-e) *adj* (comp), digitised *adj*

numéro *nm*. **1** number *n*; **numéro d'immatriculation**, registration number **numéro de série**, serial number; **numéro de télécopie**, fax number; **numéro de téléphone**, phone number; **numéro de télex**, telex number; **numéro un**, leader *n*, number one; **numéro vert** (mktg, sales), freephone, 0800 number; **2** number *n*, issue *n*, copy *n* (of a periodical)

numéroter *vb*, number *vb*

objectif *nm*, aim *n*, objective *n*; **objectif de carrière**, career objective; **objectif des ventes**, sales target

objection *nf*, objection *n*; **faire** *vb* **objection** (à), object *vb* (to)

objet *nm*, purpose *n*

obligataire *adj* (fin), debenture *n*; **emprunt obligataire**, debenture loan

obligataire *nm* (fin), bondholder *n*

obligation *nf* (fin), bond *n*

obligatoire *adj* **1** (gen) obligatory *adj*. **2** (law) binding *adj*; **clause obligatoire**, binding clause

obliger *vb*, oblige *vb*

obstacle *nm*, obstacle *n*

obtenir *vb*, obtain *vb*; **obtenir une commande**, secure *vb* an order; **obtenir un diplôme de ...**, obtain *vb* a diploma in ...; **obtenir les droits exclusifs** (sur ...) (law), obtain exclusive rights (to ...)

occasion *nf* **1** occasion *n*. **2** bargain; **occasion - à saisir!**, bargain - not to be missed!. **3** opportunity *n*. **d'occasion**, used *adj* (second-hand)

occasionnel (-le) *adj*, occasional *adj*

occupé. (-e) *adj*, busy *adj*

s'occuper *vb* **de ...**, take *vb* care of ...

OCDE, Organisation *nf* **de Coopération et de Développement Economique**

octet *nm*, used to quote memory capacity in France rather than bytes

oeuvre *nf*, work *n*; **mettre** *vb* **en oeuvre**, put *vb* into effect, implement *vb*

oeuvrer *vb* (pour), work *vb* towards

officiel (-le) *adj*, official *adj*

officieux (-se) *adj*, unofficial *adj*

offre *nf*, offer, bid *n*; **offre d'emploi**, job advertisement; **offre et la demande**, supply and demand; **offre spéciale** (mktg, sales), special offer; **faire** *vb* **une offre**, make *vb* an offer

offrir *vb*, offer *vb*; **offrir un prix pour ...** (mktg, sales), bid *vb* for ...

omettre *vb* (de), forget *vb* to do something

omission *nf*, omission *n*

OMS, Organisation *nf* **Mondiale de la Santé**, WHO, World Health Organisation

onéreux (-se) *adj*, expensive *adj*; **à titre onéreux** (fin), subject to payment, charged for

ONU, Organisation *nf* **des Nations Unies**, League of Nations

OPA, Offre *nf* **Publique d'Achat** (fin), takeover bid

OPE, Offre *nf* **Publique d'Echange** (fin), share exchange offer

OPEP, Organisation *nf* **des Pays Exportateurs de Pétrole**, OPEC

opérateur (-trice) *nm/f*, operator *n* (machines, computers)

opération *nf* **financière**, financial operation

opération *nf* **portes ouvertes**, open house (company open day)

s'opposer *vb* à, oppose *vb*

optimum *adj*, optimum *adj n*

option *nf*, option *n*; **option d'achat d'actions**, stock option; **en option**, optional *adj* (product description)

optionnel (-le) *adj*, optional *adj*

ordinaire *adj*, ordinary *adj*

ordinateur *nm*, computer *n*; **ordinateur** *nm* **portatif** (comp), laptop *n*

ordonnance *nf*, prescription *n* (medical)

ordonnancer *vb* **1** schedule *vb*. **2** order *vb* payment

ordonner *vb*, **1** order *vb*. **2** put *vb* in order

ordre *nm*, order *n*; **à l'ordre de ...** (fin), o/o, order of, Dr to, draw to ...; **de l'ordre de ...** (figs), in the order of ...; **en ordre**, in order (correct, OK); **mettre** *vb* **de l'ordre dans**, tidy *vb* up; **par ordre alphabétique**, in alphabetical order; **ordre** *nm* **du jour**, agenda *n*

organigramme *nm*, organisation chart

organisation *nf*, organisation *n*

organiser *vb*, organise *vb*

organisme *nm*, organisation *n*

orienter *vb*, focus *vb* on, guide *vb*, direct towards *vb*

s'orienter *vb* à la baisse, downturn *vb*

original (-e) *adj*, original *adj* (unusual)

origine *nf*, origin *n*, source *n*

ORSEC, organisation *nf* **des secours**, organises and coordinates disaster relief within French territory

OS, ouvrier *nm* **spécialisé**, unskilled worker

OTAN, Organisation *nf* **du Traité de l'Atlantique Nord**, Nato, North Atlantic Treaty Organisation

où *adv*, where *adv*

oublier *vb*, forget *vb*, overlook *vb*

outre *prep*, in addition to ... *prep*; **outre les problèmes d'approvisionnement ...**, in addition to the problems of supply ...

outre-mer *adv*, overseas *adv*

ouvert (-e) *adj*, open *adj*

ouverture *nf*, opening *n*; **heures** *nfpl* **d'ouverture**, opening hours

ouvrable, jour *nm* **ouvrable**, working day

ouvrier *nm* **qualifié**, skilled worker

ouvrir *vb*, open *vb*

P

paiement *nm*, payment *n*; **paiement d'avance**, CIA, cash in advance; **paiement avant livraison**, cash before delivery; **paiement à la livraison**, payment on delivery; **paiement par mensualités**, monthly payments; **paiement** *nm* **en retard**, late payment; **paiement en souffrance**, outstanding payment; **paiement à tempérament**, payment in instalments; **paiement unique**, lump sum

pair *nm* (stock market), par *n* (value)

Palais *nm* **de Justice** (law), law court

palette *nf* (t+d), pallet *n*

palettisation *nf* (t+d), palletisation *n*

palettiser *vb* (t+d), palletise *vb*

palier, atteindre *vb* **un palier** (fin), level *vb* out, flatten *vb* out (trends, figures)

panne *nf* **1** (gen) break-down *n*; **tomber en panne**, break down. **2** (run out of); **avoir une panne d'essence**, run out of petrol; **panne de courant**, power cut *n*

panneau *nm* **publicitaire**, bill board *n*, hoarding *n*

PAO, Publication *nf* **Assistée par Ordinateur** (comp), DTP, desk top publishing

PAP, P à P, prêt *nm* **à porter**, ready-to-wear

papeterie *nf*, stationery *n*

papier *nm*, paper *n*; **papier continu** (comp), continuous stationery *n*; **papier à en-tête**, headed paper *n*

papiers nmpl, documents npl

papillon 1 (gen) butterfly n. 2 (fin, mktg, sales) ticket n, sticker n

paquebot nm, passenger ship

paquet nm, pack n, package n, parcel n

par ... prep, by ... prep

par prep (eg an, mois, tonne), per (eg year, month, ton) prep; **par an**, per annum

parcours nm journey n

par rapport à ..., compared with ...

paragraphe nm 1 (gen) paragraphe n. 2 (law) subsection n (in agreement or law)

parc nm 1 number of (eg existing machines). 2 fleet n (eg of vehicles company)

pare-brise nm, windscreen n

parfaitement adapté (-e) **à ...**, tailor-made for ...

pari nm, gamble n

parking nm, car park

parler vb, speak vb, talk vb

parmi prep, among prep

Parquet nm (law), ≈ the public prosecutor's office

parrainage nm (mktg, sales), sponsoring n

parrainer vb sponsor vb

part nf, share n (share of); **part de marché**, market share; **de la part de ...**, on behalf of ...

partager vb **entre**, divide vb between

partance, en partance pour ... (t+d), bound for ...; **le navire en partance pour ...**, the boat (bound for ...

partenaire nm, partner n

partenaires nfpl **sociaux** (pers), ≈ management and the trade unions

partenariat nm, partnership n

participation nf (dans), shareholding n, stake n (in); **Géfix SA a pris une participation de 30% dans Hably sarl**, Géfix has taken a 30% stake in Hably sarl; **participation aux bénéfices**, profit sharing (optional for French companies); **participation croisée** (fin), share swap; **participation dormante** (fin), sleeping partnership

participer vb (à), participate vb (in), take vb part (in)

particulier nm, private individual

partir vb, leave vb; **partir** vb **en retraite** (pers), retire vb

parvenir vb **à un accord**, reach vb an agreement

pas-de-porte nm (fin), premium n, key money n (for purchase of leases), ≈ goodwill

passable adj (education) attained a pass mark

passage nm **à niveau**, level crossing

passage nm **souterrain**, subway n, underpass n

passager nm, passenger n

passant, en passant par..., via ...

passé nm, past n

passe-temps nmpl, hobbies npl

passer, vb 1 pass vb, **passer du temps** (à), spend vb some time (in). 2 place vb, **passer une annonce** (mktg, sales), insert vb an advertisement; **passer commande** (mktg, sales), place vb an order. 3 **passer de ... à ...**, go from ... to ...; **le prix est passé de 300F à 380F**, the price has gone from 300F to 380F. 4 **passer un entretien**, have vb an interview; **passer un examen de ...**, take vb an exam in .... 5 **passer en fraude**, smuggle vb;

passerelle nf 1 (gen) footbridge n, gangway n. 2 (gen, education) a way of converting from one type of study to another

passible, être vb **passible de ...,** liable vb to ... (legal implication)

passif nm, (accounts), liabilities npl

patienter vb, wait vb

patron nm, boss n

patronat nm, collective term for company managers

patronner vb, sponsor vb (patronage, official, government support)

payable adj (fin), payable adj; **payable à vue** (fin), payable on demand

payé (-e) d'avance, prepaid

payé à l'avance (fin), paid in advance

faire vb **payer ...,** charge vb for

payer vb (mktg, sales), settle vb, pay vb; **payer comptant** (mktg, sales), pay vb cash (at time of purchase); **payer au cubage** (t+d), pay vb by measurement

payer-prendre nm (mktg, sales), cash-and-carry

pays nm, country n; **les pays en voie de développement**, developing countries; **pays** nm **d'origine**, country of origin

paysagé (-e) adj **1** (gen) landscaped. **2** (office) open plan adj

PCC, pour copie conforme, certified copy

PCF, Parti nm **Communiste Français**, French communist party

PCV, appel nm **en PCV**, reverse charge call; **PCV, à PerCeVoir**, charges collect, reverse charge call

PDG, Pdg, Président nm **Directeur Général**, Chairman and Managing Director

péage nm, toll n (toll road)

peaufiner vb, put vb the finishing touches to

peine nf **1** (gen) difficulty n. **2** (law) sentence n

pellicule, sous pellicule de plastique (mktg, sales), film-wrapped

pelliculé (-e), ≈ in a plastic/bubble pack

pénaliser vb, penalise vb

pénalité nf, penalty n

pénétration nf (mktg, sales), penetration; **pénétration du marché** (mktg, sales), market penetration

péniche nf (t+d), barge n

penser vb, think vb

PEP, PEPs, Plan d'Epargne Populaire, savings scheme

percepteur nm (fin), ≈ tax inspector

perception nf (fin), tax office

percer vb **1** (gen) pierce vb. **2** (mktg, sales) penetrate vb, establish vb a position in the market

perdre vb, lose vb

perdu (-e) adj, lost adj

perforatrice nf, hole puncher n

performance nf, peformance n

performant (-e) adj, dynamic adj (of companies)

période nf, period n; **période** nf **d'essai** (pers), period of probation; **période** nf **de réflexion** (law), cooling off period

périodiquement adv, periodically adv (at regular intervals)

périphérique nm **1** (gen) ring road. **2** (comp) peripheral n

périssable adj, perishable adj

permanent (-e) adj, permanent adj

permettre vb, permit vb, allow vb

permis nm, licence n (driving, hunting etc); **permis de conduire**, driving licence; **permis d'embarquement**, SN, shipping note

personnalisé (-e) adj, customised adj, personalised adj

personnaliser vb (mktg, sales), personalise

personnalité nf, personality n, character n

personnel (-le) adj, personal adj

personnel nm 1 (department) personnel n. 2 (gen) employees npl, staff n

perspective nf, outlook n

PERT, la méthode PERT, PERT

perte nf, loss n; **perte sèche**, complete loss; **perte totale** (ins), write-off n

peser vb, weigh vb

pessimiste adj, pessimistic adj, gloomy adj

petite annonce nf (mktg, sales), small ad

pétrole nm **brut** oil n (crude oil)

pétrolier nm, oil tanker (ship)

PEV, proposition exclusive vendeuse nf (mktg, sales), USP, unique selling proposition

pharmaceutique adj, pharmaceutical adj

phase nf, phase n

phone vb, téléphoner vb

photocopie nf, photocopy n

photocopier vb, photocopy vb

photocopieuse nf, photocopier n

PIB, Produit nm **Intérieur Brut**, GDP, Gross Domestic Product

pièce nf (de monnaie), coin n

pièce nf **d'identité**, proof of identity

pièce nf **de rechange**, part n (spare part)

pied nm **cube/cubique**, cubic foot

pile nf 1 (small) battery n. 2 stack n

pilote nm, pilot (trial); **projet pilote**, pilot project; **région pilote**, pilote region

piquet, piquet nm **de grève**, strike picket

piscine nf, swimming pool n

PJ, pièce(s) joint(es) (correspondence), Enc, enclosures

placard nm, cupboard n

place nf, space n (occupied by something); **mettre** vb **en place**, set vb up; **sur place**, on the spot, on the premises

placement nm (fin), investment n; **faire** vb **un placement dans ...**, invest vb in ...

placer vb, place vb; **placer** vb (de l'argent) **dans ...**, invest vb in ...

plafond nm, ceiling n

plafonné (-e) adj, (fin), limited adj (has a ceiling)

plafonner vb 1 reach vb a ceiling. 2 set vb an upper limit

plainte nf (law), complaint n; **déposer** vb **une plainte contre ...** (law), lodge vb a complaint against ...

plan nm 1 plan (drawing). 2 scheme n; **plan d'actionnariat salarial** (pers), share option scheme, share ownership scheme; **plan d'options sur titres** (mktg, sales), stock option plan; **plan de redressement** (fin), recovery plan (for company in difficulties); **plan de retraite**, pension scheme

planification nf (gen, fin), planning n

planifier vb (gen, fin), plan vb

plaque nf **minéralogique**, number plate n

plaque nf **tournante**, turntable n, hub n, pivot n

plaquer vb, plate vb

plaquette nf **publicitaire**, brochure n

plastique nm, plastic n

plat nm, dish n, course n (restaurant)

plate-forme nf, platform n (support)

plein (-e) *adj*, full *adj*; **à plein temps** (pers), full-time

plier *vb*, fold *vb*

plupart, la plupart de ... *nf*, most, most of ... *adj*

plus que ..., more than ...

plus-value *nf* (fin), appreciation *n* (increase in value); **impôt** *nm* **sur les plus-values** (fin), capital gains tax

plusieurs *adv*, several *adv*

PLV, publicité *nf* **sur le lieu de vente**, point of sale advertising

PMA, pays *nmpl* **les moins avancés**, less developed countries

PME, petite ou moyenne entreprise, SME, small or medium-sized business

PMI, petite ou moyenne industrie, small or medium-sized industry

PNB, Produit *nm* **National Brut**, GNP, Gross National Product

pneu *nm*, tyre *n*

poids *nm*, weight *n*; **poids brut**, gross weight; **poids lourd**, HGV, heavy goods vehicle; **poids net**, net weight

point *nm* **1** item *n* (on list or agenda); **point fondamental**, basic point. **2** place *n*, point (de) **rencontre**, meeting point; **point de vente** (mktg, sales), sales outlet. **3** **mettre** *vb* **au point**, finalise *vb*, develop *vb* (eg new product)

pointe, technologie *nf* **de pointe** (technology, mktg), advanced technology, latest technology, leading edge technology

Pointel *nm*, Telepoint *n*

pointer *vb*, clock *vb* in

pointu (-e) *adj* **1** pointed *adj*. **2** the latest ..., the most up to date ...

police *nf* **1** (law) police *n*; **police de l'air et des frontières** (law), frontier police; **police judiciaire** (law), criminal investigation department, ≈ detective force; **police municipale** (law), the urban police force. **2** (ins) policy; **police d'assurance**, insurance policy; **police d'assurance tous risques** (ins), all risks insurance policy; **police flottante** (ins), floating policy; **police ouverte** (ins), open policy

politique *nf*, policy *n*; **politique des prix**, pricing policy

polluer *vb*, pollute *vb*

pollution *nf*, pollution *n*

polycopié *nm*, handout *n*

pomper *vb* (t+d), pump *vb*

pompiste *nm/f*, ≈ petrol station employee

pondéré (-e) *adj*, weighted *adj* (calculations); **moyenne pondérée**, weighted average

pont *nm* **1** bridge *n*. **2** deck (of ship) *n*. **3** long weekend, extra days of holiday between a national holiday and a weekend; **faire le pont**, take a long weekend

pontée, en pontée (t+d), on the deck; **cargaison en pontée**, deck cargo

population *nf*, population *n*

port *nm* **1** (gen) port *n*; **port d'attache** (t+d), port of registry ('based at'); **port de chargement** (imp/exp), POE, port of embarkation; **port d'embarquement** (imp/exp), POE, port of embarkation; **port d'entrée** (imp/exp), port of entry. **2** (t+d) carriage *n*; **en port dû**, carriage forward; **port aérien dû**, airfreight collect; **port payé**, carriage paid; **port payé jusqu'à ...**, carriage paid to ...

portable *adj*, portable *adj*

porte-annonces *nm*, folder *n*, brochure *n*

porte-conteneurs *nm* (t+d), container carrier; **navire porte-con-**

teneurs, container ship

porte-parole *nm*, spokesman *n*

portefeuille *nm* **1** portfolio *n*. **2** wallet *n*

porter *vb* **1** (gen) carry *vb*. **2** (loads, interest) bear *vb*

porter *vb* **à ...** (eg prix), increase *vb* to (eg price); **le prix a été porté à 5400F**, the price has been increased to 5400F

porter *vb* **plainte** (law), lodge *vb* a complaint

porter *vb* **un chiffre**, enter *vb* a figure, post *vb* a figure (bookeeping etc)

porteur (-euse) *adj* (fin, mktg, sales), promising, worthwhile; **un marché porteur**, a promising market

porteur *nm* (fin), bearer (eg of document); **titre au porteur**, bearer security; **porteur de titres** (fin), shareholder

portière *nf*, door *n* (eg on train)

POS, plan *nm* **d'occupation des sols** (town planning), local plan

position *nf*, position *n*

se positionner (mktg, sales), position *vb* oneself, establish *vb* a (market) position

posséder *vb* **les qualités requises pour ...** (un poste), qualify *vb* for ..., have *vb* the necessary qualifications for ... (a job)

possible *adj*, possible *adj*, likely *adj*

poste *nf*, post office, the postal service

poste *nm*, job (specific position in company), position *n*; **poste à pourvoir**, vacancy *n*; **poste vacant**, vacancy *n*; **poste d'amarrage**, berth *n* (harbour); **poste de mouillage**, berth *n* (harbour)

poster *vb*, post *vb*

potentiel (-le) *adj*, potential *adj*

potentiel *nm*, potential *n*, capacity *n* (ability)

pourboire *nm*, tip *n*, gratuity *n*

pourcentage *nm*, percentage *n*

poursuivi, être *vb* **poursuivi** (en justice) (law), be *vb* taken to court

poursuivre *vb* **en justice** (law), sue *vb*, take *vb* to court

pouvoir *nm* **d'achat** (fin), purchasing power

pouvoir *vb* (ability), be *vb* able to; **nous pouvons vous livrer**, we are able to deliver

pouvoirs *nmpl* **publics**, 'the authorities'

pp, par procuration, pp, per procurationem

préavis *nm*, notice *n* (warning of an action); **préavis de grève** (pers), strike notice

précédent *nm*, precedent *n*

précieux (-se) *adj*, valuable *adj*

préciser *vb* **1** point *vb* out, add *vb* detail. **2** specify *vb*

préconiser *vb*, recommend *vb*, advocate *vb*

préemballé (-e) *adj*, prepacked *adj*

préférence *nf*, preference *n*

préférer *vb*, prefer *vb*

prélèvement *nm*, deduction *n*; **prélèvement automatique** (bank), direct debit; **prélèvement obligatoire** (fin), taxes, compulsory contributions eg Health etc; **prélèvement à la source** (fin), tax deducted at source

prendre *vb* **1** take *vb*. **prendre à bail**, lease *vb* (from someone); **prendre en charge**, take *vb* charge of *vb*; **prendre en compte**, take *vb* into account; **prendre des mesures**, take *vb* steps; **prendre des notes**, take *vb* notes; **prendre note** (de), note *vb* (be aware of); **prendre rendez-vous**, make *vb* an appointment. **2** (un passager, une charge) pick *vb* up. **3 prendre contact avec**, contact *vb*, get *vb* into contact with.

préoccupant *adj*, worrying *adj*

préparer *vb*, prepare *vb*

préretraite *nf* (pers), early retirement

près de ... **1** near ...; **près de la gare**, near the station. **2** (fin, figs) nearly; **une augmentation de près de 5%**, an increase of nearly 5%

présentation *nf*, presentation *n*

présenter *vb*, present *vb*; **présenter quelqu'un à quelqu'un d'autre**, introduce *vb* someone to someone else; **présenter un effet à l'acceptation** (fin), present *vb* a bill for acceptance

présentoir *nf*, presentation pack, display *n* (mktg, sales)

Président (-e) *nm* /f **Directeur Général**, CEO, Chief Executive Officer

président (-e) *nm/f*, chairman *n*, president *n*

présider *vb* **une réunion**, chair *vb* a meeting

presque *adv*, almost *adv*, nearly *adv*

presse *nf*, press *n*; **presse professionnelle**, trade press

pression *nf*, pressure *n*; **faire pression sur ...**, put pressure on ...

prestations *nfpl* **1** facilities *npl*, services *npl*. **2** features (of product); **les prestations du nouveau modèle sont ...**, the features of the new model are ...

prêt *nm*, loan *n* (to someone)

prêt, être *vb* **prêt**, be *vb* ready; **prêt à l'emploi**, ready for use

prêt-à-monter, ready to assemble

prétentions *nfpl* **1** (pers) salary required. **2** (pers) career objective

prêter *vb*, lend *vb*

prêteur *nm*, lender *n*

prévenir *vb* **1** warn *vb*. **2** inform *vb*

prévision *nf*, forecast *n*; **prévisions de ventes**, sales forecast(s); **faire** *vb* **des prévisions**, forecast *vb*

prévoir *vb* **1** (gen) plan *vb*, schedule *vb*; **la prochaine réunion est prévue pour ...**, the next meeting is scheduled for ... **2** (agreements, contracts) provide *vb* for (eg in the terms of a contract)

prévu (-e) *adj*, expected *adj*, foreseen *adj*

prime *nf* **1** (ins) premium *n*. **2** (pers) bonus *n*; **prime annuelle**, annual bonus; **prime d'intéressement** (pers), ≈ performance bonus (linked to performance of company); **prime de participation aux bénéfices** (legal requirement for French companies with over 50 employees), profit-related pay; **prime à la production**, production/productivity bonus

prime, en prime **1** 'on top', 'as part of the deal' **2** (free gift, bonus) in addition; **nous offrons en prime un crayon personnalisé à tous nos abonnés**, we are offering a free personalised pencil to all our subscribers

principal (-e) *adj*, main *adj*

priorité *nf*, priority *n*

prise *nf* **de contrôle** (d'une société), takeover *n* (of company)

prise *nf* **de courant**, power point

prise *nf* **de participation** (fin), purchase of shares

prise *nf* **en charge** **1** (t+d) collection of a load. **2** (gen, ins) bear the cost of something. **3** (taxis) minimum charge for accepting passengers

privatisation *nf* (fin), privatisation *n*

privatiser *vb*, privatise *vb*

privé (-e) *adj*, private *adj*

prix *nm* **1** prize *n*. **2** price *n*; **prix d'achat**, purchase price; **prix affiché**, posted price, sticker price; **prix d'appel**, loss leader; **à bas prix**, low price; **prix du catalogue**, list price; **prix conseillé** (mktg, sales), recommended retail price; **prix à débattre**, price negotiable; **prix de détail**, retail price; **prix fixe**, fixed price; **prix forfaitaire**, all-in price, inclusive price; **prix de gros**, wholesale price; **hors de prix**, prohibitive; **prix de lancement**, introductory price, launch price; **prix du marché**, market price; **prix plancher**, floor price, minimum price; **prix promotionnel**, special offer price; **prix de référence**, target price; **prix de revient**, cost price; **prix sorti d'usine**, factory gate price; **prix tout compris**, all-in price; **prix unitaire**, unit price; **prix de vente**, selling price; **communiquer** *vb* **un prix**, quote *vb* a price; **relever** *vb* **les prix**, raise *vb* prices

probable, peu probable (que), unlikely (that)

problèmes *nmpl*, problems *npl*; **problèmes d'approvisionnement**, supply problems; **problèmes de distribution**, distribution problems; **problèmes de gestion**, management problems; **problèmes de liquidités** (fin), liquidity problems

procédure *nf*, procedure *n*; **procédure prud'hommale**, grievance procedure

procès *nm* (law), trial *n*

procès-verbal *nm* **1** (meetings) minutes *npl*. **2** (law) fine *n*

proche *adj*, near *adj*; **dans un proche avenir**, in the near future

procurer, se procurer *vb*, obtain *vb*

procureur *nm* **de la République**, public prosecutor *n*

producteur *nm*, producer *n*

production *nf*, output *n*, production *n*; **production en grande série**, mass production

productique *nf* (comp), computer-controlled production

productivité *nf* (pers), productivity *n*

produire *vb*, produce *vb*

produit *nm* **1** (fin) revenue *n*, proceeds *npl*; **produit financier** (fin), revenue *n*. **2** (gen) produce *n*. **3** product *n*

produits *nmpl*, products *npl*, goods *npl*; **produits de base**, commodities *npl* ; **produits blancs**, white goods; **produits bruns**, brown goods; **produits chimiques**, chemicals *npl*; **produits finis**, finished goods / products; **produits laitiers**, dairy products; **produits de luxe**, luxury products; **produits manufacturés** (gen, fin) manufactured products; **produits pharmaceutiques**, pharmaceuticals *npl*; **produits ou travaux en cours** (accounts), work in hand/work in progress

profession *nf*, occupation *n*

professionnel *nm*, professional *n*

profil *nm*, profile *n*; **profil de poste**, job profile

profiler *vb*, extrude *vb*

profitabilité *nf*, profitability *n*

pro forma *nm/adj*, pro forma *n/adj*

progiciel *nm* (comp), package *n*

programme *nm* **1** schedule *n*. **2** programme *n*. **programme utilitaire** (comp), utility *n*

programmer *vb*, schedule *vb* (plan series of events), programme *vb*

programmeur (-euse) *nm/f* (comp), programmer *n*

progrès *nm*, progress *n*; **faire des progrès**, make progress

progresser *vb* (fin), improve *vb* (results), gain *vb* (in value)

progression *nf* (of figures), improvement *n* (in results)

projecteur *nm* **de diapositives**, slide projector

projet *nm*, plan *n*, project *n*; **projet** *nm* **de contrat**, draft contract

projeter *vb*, project *vb*, plan *vb*

promettre *vb* (de), promise *vb* (to)

promoteur *nm* **immobilier**, property developer

promotion *nf*, promotion *n*; **promotion des ventes** (mktg, sales), sales promotion

promouvoir *vb*, promote *vb*

promu (-e) *adj*, promoted *adj*

proposer *vb*, propose *vb*, offer *vb*

proposition *nf*, proposition *n*, proposal *n* (meetings etc)

propre *adj* 1 clean *adj*. 2 own *adj*; **fonds propres** (fin), capital stock

propriétaire *nm*, owner *n*

propriété *nf*, property *n*; **propriété** *nf* **foncière**, land *n*

prospect *nm* (mktg, sales), sales lead

prospecter *vb*, canvass *vb*, prospect *vb*

prospection *nf*, prospection *n*, cold calling

prospectus *nm*, prospectus *n*, leaflet *n*

protection *nf* **des données** (law), data protection

provenance (imp/exp), origin; **en provenance de**, from ...

provenir *vb* **de ...**, come *vb* from ...

provision *nf* (fin), ≈ provision *n*

provisoire *adj*, provisional *adj*, tentative *adj*

provoquer *vb*, cause *vb*

proximité, à proximité de ..., near ...

Prud'hommes, Conseil des

Prudhommes (pers), conciliation board for settlement of employer-employee disputes

PS 1 post scriptum 2 **Parti** *nm* **Socialiste**, French socialist party

PTT, Postes, *nmpl* **Télégraphes et Téléphones** French national post and telecommunications

publication *nf* **assistée par ordinateur**, desk top publishing

publicitaire *nm* (mktg, sales), advertising man

publicité *nf*, advertising *n*; **publicité mensongère**, misleading advertising; **publicité rédactionnelle** (mktg, sales), copy *n*, advertising copy; **publicité sur le lieu de vente** (mktg, sales), point of sales advertising

publier *vb*, publish *vb*

publipostage *nm* (mktg, sales), mailing *n*, mailshot *n*

puis *adv*, then *adv*

puisque *conj*, since *conj*

puissance *nf*, power *n* (eg of system); **puissance** *nf* **en chevaux**, HP, hp, horse power

puissant (-e) *adj*, powerful *adj*

PV, procès *nm* **verbal** 1 fine *n* or official report eg by policeman recording traffic offence. 2 minutes of meeting

QG, quartier *nm* **général**, HQ, headquarters *n*

QI, quotient *nm* **intellectuel**, IQ, Intelligence Quotient

quadri, quadrichrome, four colour *adj*

quadrupler *vb*, quadruple *vb*

quai *nm* **1** (gen) platform *n*. **2** (ships) quay *n*, wharf *n*. **3** (t+d) loading bay. **à quai** (imp/exp), EXQ, Exq, Ex Quay

qualification *nf*, qualification *n*

qualité *nf*, quality *n*; **de bonne qualité**, good quality; **de mauvaise qualité**, poor quality; **de qualité inférieure**, poor quality *n*, substandard *adj*; **qualité courante** (mktg, sales), fair/average quality; **qualité globale**, total quality; **qualité totale**, total quality; **en qualité de ...**, in the capacity of ...

quand *adv/conj* when *adv/conj*

quant à ..., as for ...

quantité *nf*, quantity *n*; **en grosse quantité**, in bulk; **quantité insuffisante** (imp/exp), short shipment

quart *nm*, quarter *n*

quartier *nm*, district *n*, quarter (of town); **le quartier des affaires**, the business quarter; **quartier général**, HQ, headquarters *n*

questionnaire *nm*, questionnaire *n*

queue *nf*, queue *n*

questions *nfpl* **non directives**, open-ended questions

quincailleur *nm*, ironmonger *n*

quittance *nf* **de loyer**, rent receipt

quitter *vb*, leave *vb*; **quitter** *vb* **l'hôtel**, leave *vb*, check *vb* out

quotidien (-ne) *adj*, daily *adj*

quotidien *nm*, daily newspaper *n*

R

rabais *nm*, discount *n*, price cut *n*

raccord *nm* (electrical), lead *n*

raccrocher *vb*, hang *vb* up (eg on phone), replace *vb* receiver

rachat *nm* d'entreprise par ses cadres avec effet de levier (≈ RES, rachat d'entreprise par ses salariés), LMBO, Leveraged Management Buyout

rachat *nm* de l'entreprise par sa direction / par ses cadres, MBO, management buyout

racheter *vb*, buy *vb* out

radio *nf* locale, local radio

radiodiffuser *vb*, broadcast *vb*

radiotéléphone *nm*, radio phone

raffiner *vb*, refine *vb*

rafraîchir *vb*, refresh *vb*

raide *adj*, stiff *adj*

raison *nf*, 1 reason *n*, cause *n*. 2 raison *nf* sociale, company name

ralentir *vb*, slow *vb* down, slacken *vb* (rates, trends)

ralentissement *nm*, slow-down *n*

rame *nf* (transport), train *n* (set of carriages)

rang, de premier rang, major *adj*, of the first order

rangée *nf* (de ...), row *n* (of ...)

rapide *adj*, fast *adj*

rapide *nm*, express *n* (train)

rapidement *adv*, fast *adv*, quickly *adv*

rappel *nm*, reminder *n*

rappeler *vb* 1 (telephone) call *vb* back. 2 remind *vb*; je dois vous rappeler que ..., I must remind you that ...

se rappeler *vb*, remember *vb*

rapport *nm* 1 relationship *n*, link *n*. 2 report *n*; faire *vb* un rapport sur ..., report *vb* on, write *vb* a report about ...; rapport annuel, annual report, rapport d'étape, stage report; rapport de stage, report on a training period; rapport en douane (imp/exp), bill of entry. 3 ratio *n*; rapport cours/bénéfice, price/earnings ratio; rapport qualité-prix, value for money

rapporter, par rapport à ..., in comparison with ...

rapporter *vb* 1 (gen) bring *vb* back. 2 (investments) yield *vb*

se rapporter *vb* à ..., refer *vb* to ...; pour les détails de nos services se rapporter à la page 5, for details of our services please refer to page 5

rapproche, ce qui se rapproche le plus de ..., the nearest ... *adj*

rapprocher *vb*, relate *vb* to, compare *vb*; c'est à rapprocher de ..., it can be compared with ...

rare *adj*, scarce *adj*

rassurant *adj*, reassuring *adj*

rassurer *vb*, reassure *vb*

ratio *nm*, ratio *n*; ratio d'exploitation (fin), operating ratio; ratio de liquidité générale (fin), current ratio; ratio de liquidité immédiate (fin), acid test ratio; ratio de rentabilité (fin), return on investment; ratio de solvabilité (fin), owner's equity to debt

rationalisation *nf*, rationalization *n*

rationaliser *vb*, rationalize *vb*, streamline *vb*

rationner *vb*, ration *vb*

RATP, Réseau *nm* Autonome des

Transports Parisiens, independent Paris transport authority

rattraper *vb* (le retard), make *vb* up (lost time)

ravitailler *vb* **en combustible**, refuel *vb* (eg ship, plane)

rayer *vb*, delete *vb*

rayon *nm* 1 ray *n* (eg of sun). 2 (shops) department *n*. 3 radius *n*; **rayon d'action**, range *n* (of operation of vehicle or machine); **dans un rayon de ...**, within a range of ...

rayonnage *nm* (shops, warehouses), shelving *n*

rc, registre du commerce, ≈ companies register, trade register

réactiver *vb* **un prospect** (mktg, sales), follow *vb* up a lead (again)

réaliser *vb* 1 achieve *vb*; **réaliser un bon chiffre d'affaires**, achieve a good turnover. 2 carry *vb* out; **réaliser un projet**, carry out a project

réapprovisionner *vb*, restock *vb*

récemment *adv*, lately *adv*

recentrer *vb* **ses activités** (sur), refocus *vb* up a lead, readjust *vb*

récépissé *nm* **d'expédition** (imp/exp), acknowledgement of despatch

récépissé-warrant *nm* (imp/exp), W/W, warehouse warrant

récepteur *nm* **de poche**, radio pager

réception *nf*, reception *n*, receipt *n* (delivery of goods)

réceptionniste *nm/f*, receptionist *n*

récession *nf*, recession *n*

receveur *nm*, conductor *n* (on train or bus); **receveur des postes**, postmaster *n*

recevoir *vb*, receive *vb*; **recevoir une lettre**, receive a letter; **est-ce que Monsieur le Directeur**

acceptera de nous recevoir le 12 à 14 heures? will the Director agree to meet us on the 12th at 2pm ?

recharger *vb*, recharge *vb* (eg batteries)

recherché (-e) *adj* 1 (mktg,sales) popular *adj* (eg goods), sought-after. 2 rare *adj*

recherche *nf* **et développement**, research and development

rechercher *vb*, research *vb* into, seek *vb* for

réciproque *adj*, reciprocal *adj*

réclamation *nf*, complaint *n*; **faire** *vb* **une réclamation**, complain *vb*

réclamer *vb* 1 claim *vb* (eg a right). 2 call *vb* for (eg changes)

se reclasser *vb* **dans ...** (pers), be trained for a new job (often after loss of employment)

recommandé (-e) *adj* (offce, post), registered *adj* (post)

recommander *vb*, recommend *vb*

recommencer *vb*, start *vb* again

reconnaissant(-e) *adj*, grateful *adj*

reconnaître *vb*, recognise *vb*

reconversion *nf* (pers) 1 retraining *n*. 2 movement into new sector of activity

se reconvertir *vb* (pers), move *vb* into a new job sector

record *nm*, record *n* (best)

recrutement *nm*, recruitment *n*

recruter *vb*, recruit *vb*, employ *vb*

rectifier *vb*, rectify *vb*, correct *vb*

recto-verso, both sides

reçu *nm*, receipt *n* (document); **reçu de bord** (imp/exp), mate's receipt

recul *nm* **des ventes** (mktg, sales), fall in sales, sales have slipped back

reculer *vb*, move *vb* back, fall *vb* back (figs)

recupération *nf*, collection *n* (eg of waste for recycling)

recyclage *nm* **1** recycling *n*. **2** retraining *n*

recycler *vb* **1** recycle *vb*. **2** retrain *vb*

rédacteur *nm* **en chef**, editor *n* (of newspaper)

rédacteur *nm* **publicitaire** (mktg, sales), copywriter *n*

redéploiement *nm* (pers), redeployment *n*

rédiger *vb*, write *vb* (eg report, letter); **rédiger un acte**, draw *vb* up a deed

redressement *nm* **1** (accounts) adjustment; **redressement fiscal**, tax adjustment. **2** (trends) upswing *n*, improvement *n*; **redressement d'une entreprise**, turnaround of a business (make profitable again)

se redresser *vb* (fin), pick *vb* up, upturn *vb*

réduction *nf*, reduction *n*, cut *n*, cutback *n*

réduire *vb*, reduce *vb*; **nous avons réduit nos prix de 10%**, we have reduced our prices by 10%; **réduire de moitié**, halve *vb*, (reduce by half); **réduire les prix**, reduce *vb* prices

rééchelonner *vb* (fin), reschedule *vb* (repayments)

réévaluer *vb*, reassess *vb*

référence *nf* **et désignation des articles** (imp/exp), description of goods

références *nfpl* (candidatures), references (job applications)

se référer *vb* **à ...**, refer *vb* to ...

réfléchir *vb*, reflect *vb*, think *vb*

refonte *nf*, complete reorganisation

refuser *vb*, refuse *vb*; **refuser une offre**, turn down an offer

régie *nf* (fin) **1** nationalised company. **2** government department responsible for collecting certain types of duty

régime *nm* **fiscal** (fin), tax status, type of taxation applied

régime *nm* **de retraite** (pers), pension scheme

région *nf*, area *n* (sales territory etc)

registre *nm*, ledger *n*

réglage *nm*, adjustment *n*

règle *nf* **1** rule *n*. **2** (measurements) ruler *n*

réglé (-e) *adj*, paid *adj* (bills), settled *adj* (eg problems, bills)

règlement *nm* **1** (fin) payment *n*, settlement *n*; **règlement à la commande** (mktg/sales), CWO, cash with order; **règlement contre documents** (fin), payment against documents; **règlement à l'expédition** (imp/exp), cash on shipment; **règlement partiel**, part payment. **2** (law) regulations *npl*; **le règlement ne permet pas ...**, the regulations do not allow ...

régler *vb* **1 régler une facture** pay *vb* an invoice; **régler à la caisse**, pay at the cash desk; **régler au comptant**, pay *vb* cash; **régler en espèces**, pay *vb* cash (pay in notes/coins); **2** settle *vb* (a dispute, a problem); **régler un différend** (law), **régler un problème**, sort *vb* out a problem

régresser *vb* (fin), fall *vb* back

regretter *vb*, regret *vb*

regrouper *vb*, regroup *vb*

régulier (-ière) *adj*, steady *adj* (regular)

rehausser *vb*, improve *vb*, upgrade *vb*, enhance *vb*; **rehausser** *vb* **les prix**, raise *vb* prices again

réintégrer *vb* (pers), reinstate *vb* (eg employee)

rejeter *vb*, reject *vb*

relance, lettre nf **de relance**, follow-up letter

relancer vb, follow vb up (eg a contact who has not responded), liven vb up (eg a flagging campaign); **relancer une économie**, revive vb an economy

relation nf, relationship n

relations nfpl **publiques** (mktg, sales), public relations

relevé nm **bancaire**, bank statement

relevé nm **de compte** (fin), statement of account

relever vb 1 notice vb (eg fact, point in meeting). 2 increase vb; **relever les prix**, put up prices

relier vb (gen, comp), connect vb, link vb

remarquable adj, outstanding adj

remarquer vb, note vb, notice vb

rembourré (-e) adj, padded adj (envelope etc)

rembours nm (imp/exp), drawback n

remboursement nm, refund n

rembourser vb (fin), pay vb back, refund vb

remercier vb (de), thank vb (for)

remettre vb 1 (documents) hand vb over, surrender vb; **remettre les documents à ...**, surrender the documents to ... 2 postpone vb, put vb off. **remettre sa démission** (pers), give vb notice (to employer)

remise nf 1 (mktg, sales) reduction n. 2 (gen) hand-over n, delivery n; **en cas de non remise ...**, in case of non delivery ...

remontée nf, improvement n

remorque nf, trailer n

remplacer vb (par) 1 replace vb. 2 take vb over from (eg Mr X); **M Jones a remplacé Mme Smith dans votre secteur**, Mr Jones has taken over from Mrs Smith in your sector

remplir vb 1 fill vb (up). 2 fill vb in; **remplir un formulaire**, fill vb in a form

remporter vb **un marché**, secure vb a deal

remue-méninges nm, brainstorming n

rémunération nf (pers), pay n

renchérissement nm (fin), increase n (in price, in a bid)

rencontrer vb, meet vb (someone); **rencontrer des problèmes**, encounter problems

rendement nm 1 (gen) output n. 2 (fin) yield n

rendez-vous nm, appointment n; **fixer un rendez-vous**, make an appointment

rendre vb, hand vb back; **rendre la monnaie**, give vb change; **rendre visite à ...**, call vb on ... (visit)

se rendre vb **à ...**, go vb to ...

se rendre vb **compte**, realise vb, understand vb

rendu (-e) adj (imp/exp), delivered adj; **rendu droits acquittés** (imp/exp), DDP, delivered duty paid; **rendu frontière** (imp/exp), DAF, delivered at frontier, DCP, Freight / Carriage paid to ...

renflouer vb, refloat vb (eg company)

renforcé (-e) adj (de), strengthened adj

renforcer vb, reinforce vb, strengthen vb

renommé (-e) adj **pour ...**, famous adj for ..., noted adj for ...

renoncer vb **à ...** (un droit), waive vb (a right)

renouvellement nm (ins), renewal n

renouveler vb, renew vb

rénover vb, renew vb, renovate vb

renseignements *nmpl*, information *n*

renseigner *vb*, inform *vb*, give *vb* information

se renseigner *vb*, seek *vb* information

rentabiliser *vb* (mktg, sales, fin), make *vb* profitable

rentabilité *nf*, profitability *n*; **atteindre** *vb* **le seuil de rentabilité** (fin), reach *vb* break-even; **rentabilité d'exploitation** (fin), net income to sales; **rentabilité financière** (fin), rate of return

rentable *adj* (mktg, sales), cost effective *adj*, profitable *adj*, worthwhile *adj*

rente *nf* (fin), annuity *n*

rentrées *nfpl* (nettes) **de trésorerie** (accounts), cash receipts

renvoyer *vb*, send *vb* back

réorganiser *vb*, reorganize *vb*

réparation *nf*, repair *n*

réparer *vb*, repair *vb*, mend *vb*

répartir *vb* 1 (gen) share *vb* out. 2 (fin) spread *vb* over; **charges à répartir sur plusieurs exercices**, cost to be spread over several accounting periods

répartiteur *nm* **d'avaries** (ins), loss adjuster, average adjuster

repli *nm*, downturn *n*

répondeur *nm* **automatique**, answerphone *n*

répondre *vb* (à), answer *vb*, reply *vb* (to); **répondre à une annonce**, answer an advertisement

réponse *nf*, reply *n*; **réponse rapide**, early reply

report *nm* (fin, accounts), brought forward; **report à nouveau** (accounts), carried forward

reporté (-e) *adj* (fin), carried forward

reporter *vb* 1 (gen) put *vb* off, put *vb*

back (eg meeting). 2 (accounts) carry *vb* forward (to)

reprendre *vb* 1 (eg sales, profits, economy), improve *vb*, pick *vb* up; **les ventes ont repris au deuxième trimestre**, sales picked up in the second quarter. 2 take *vb* back (eg goods sold)

repreneur *nm* **d'entreprise** (fin), someone who buys up ailing companies and builds them up again

représentations *nfpl* **graphiques**, graphics *npl*

représenter *vb*, represent *vb*

reprise *nf* (fin, results, trends), upturn *n*, revival *n*; **une reprise des ventes**, a revival in sales; **reprise des invendus**, sale or return

réputation, de bonne réputation, reputable *adj*

réputation *nf* **de solvabilité**, credit rating

RER, Réseau *nm* **Express Régional**, high speed suburban rail network in Paris region

RES, rachat *nm* **d'entreprise par ses salariés**, MBO, Management Buyout (RES often ≈ LMBO)

réseau *nm*, network *n*; **mettre** *vb* **en réseau** (comp), network *vb*; **réseau en anneau à jeton**, token ring network *n*; **réseau autoroutier** (t+d), motorway network; **réseau de distribution**, distribution network; **réseau local** (comp), LAN network *n*

réservation *nf*, booking *n*, reservation *n*; **réservation d'avance**, prior booking

réserver *vb*, reserve *vb*, book *vb*; **réserver un stand**, book a stand

réserves *nfpl* 1 (gen) reserves *npl* (eg of raw materials). 2 (law, gen) reservations (about something) *npl*

réservoir *nm*, tank *n*

résilier vb **un contrat**, terminate vb a contract

résistance nf, resistance n, strength n (of materials)

résistant (e) adj, durable adj

résoudre vb **un problème**, solve vb a problem

respecter vb **un délai**, meet vb a deadline

responsabilité nf, liability n (legal liability); **responsabilité du fabricant** (law), product liability; **responsabilité du transporteur** (t+d), carrier's liability

responsable nm **de ...** (pers), head n of ..., in charge of ...; **responsable des achats**, chief buyer; **responsable d'entrepôt** (t+d), warehouseman n; **responsable du stand**, stand manager; **être** vb **responsable de ...** (pers), be vb responsible for...

resserrer vb, tighten vb up

ressources nfpl **humaines**, human resources

restauration nf **rapide**, fast food

reste à payer (mktg, sales), amount due, amount outstanding

restrictions nfpl **du crédit**, credit squeeze

restructuration nf (fin), restructuring n, rationalization n

restructurer vb, restructure vb, rationalize vb

résultat nm **1** result n; **résultat courant avant impôts** (fin), ≈ 'current result before tax'; **résultat net** (fin), net result; **résultat net comptable** (fin), net income. **2** performance n (of company)

résultats nmpl, results npl; **résultats annoncés** (fin), published accounts

résumé nm, summary n

résumer vb, summarise vb

retard nm, delay n; **en retard 1** (fin)

arrears, in arrears (of payment). **2** (gen) delayed adj, overdue adj

retarder vb, delay vb

retenir vb **1** reserve vb; **retenir une place**, reserve a place. **2** keep vb back, withhold vb

retenue nf (fin), deduction n; **retenue à la source** (fin), deduction at source

retirer vb, withdraw vb; **retirer de l'argent**, withdraw money

retombées nfpl, fall-out n (undesirable effects)

retour nm, return n; **être** vb **de retour**, be vb back (eg from trip); **par retour**, by return

retours nmpl (mktg, sales, fin), returned, returned articles

retraite nf **1** retirement n; **prendre sa retraite**, retire vb; **retraite anticipée**, early retirement. **2** pension n; **retraite complémentaire** (pers), top-up pension, company pension; **plan de retraite personnalisée**, personal pension plan

rétrécir vb, shrink vb

rétroprojecteur nm, backprojector, OHP n

réunion nf, meeting n; **réunion d'information**, briefing session; **réunion de préparation**, briefing session (before meeting)

réunir vb, put vb together, assemble vb, get vb together

se réunir vb, have vb a meeting

réussir vb (à), succeed vb (in); **réussir à faire quelque chose**, manage vb to do something; **réussir un examen**, pass vb an exam

réussite nf, achievement n

revaloriser vb, revalue vb

revendeur nm, dealer n

revendications nfpl, claims npl

revendiquer vb **1** claim vb (eg claim

responsability for an act). **2** demand *vb* (eg claim better rights or conditions)

revendre *vb*, sell *vb*, sell *vb* back

revenu *nm*, revenu *n*, income *n*; **revenu net** (fin), net income

revers *nm*, setback *n*; **subir un revers**, suffer a setback

réviser *vb*, revise *vb*; **réviser à la baisse**, revise down

rigueur *nf*, **politique de rigueur**, policy of austerity

risque *nm* (ins), risk *n*, danger *n*; **risque de ...**, liable to ...; **risque de surchauffer**, liable to overheat

risquer *vb*, risk *vb*

risques *nmpl*, **tous risques** (fin, ins), all risks; **risques de port** (ins), PR, port risks

ristourne *nf*, discount *n*

RMI, revenu *nm* **minimum d'insertion**, statutory training allowance (for unemployed on retraining)

RN, Route *nf* **nationale**, 'A' road

RNIS, Réseau Numérique à Intégration de Services, ≈ ISDN, Integrated Services Digital Network

ro-ro *nm* (t+d), ro-ro, roll-on roll-off

rond-point *nm*, roundabout *n*

rotation *nf* (des stocks), rotation *n*, turnover *n* (of stock); **rotation du fonds de roulement net** (fin), working capital turnover

rouge, être *vb* **dans le rouge** (fin), be *vb* in the red

rouiller *vb*, rust *vb*

roulage *nm* (t+d), ro-ro, roll-on roll-off

routage *nm* (mktg, sales), routage *n*, routing *n*

route *nf* (t+d), road *n*; **route d'accès**, slip road; **route barrée**, road closed

Royaume-Uni *nm*, UK, United Kingdom

RPR, Rassemblement *nm* **pour la République**, right-wing political party

rupture *nf*, **en rupture de contrat** (law), in breach of contract

S

SA, société *nf* **anonyme**, plc, public limited company

sac *nm* (imp/exp), sack *n*

sachet *nm*, sachet *n*

SAFER, société *nf* **d'aménagement foncier et d'équipement rural** manages and supports the improvement of agricultural and forest land

sain (-e) *adj*, healthy *adj*

saisie *nf* **des données** (comp), data capture *n*

saisir *vb*, seize *vb*

saison *nf*, season *n*; **la saison morte**, the quiet season; **la pleine saison**, the busy season

saisonnier (-ière) *adj*, seasonal *adj*

salaire *nm* **1** (gen) pay *n*. **2** salary *n*, wages *n*

salarié (-e) *adj* (pers), salaried *adj*; **salarié** (-e) *nm/f* (pers), a salaried employee

salle *nf*, salle *n*; **salle d'accueil**, reception room; **salle d'attente**, waiting room; **salle de conférence**, conference hall; **salle d'eau**, bathroom *n*; **salle des pas perdus**, station concourse

salon *nm*, exhibition *n*, trade fair (salon = over 150 stands)

SAMU, Service *nm* **d'Aide Médicale Urgente**, emergency ambulance service

sanctionner *vb* **1** penalise *vb*. **2** approve *vb*

sans ... *prep*, without ... *prep*;

essence sans plomb, lead-free petrol

SARL, société *nf* **à responsabilité limitée**, Ltd, private limited company

satellite, TV *nf* **par satellite**, satellite TV

satisfaire *vb*, satisfy *vb*; **satisfaire aux exigences/aux conditions**, meet the requirements, conditions

saturer *vb*, saturate *vb*

sauf erreur, errors excepted

sauf erreur ou omission, E + OE, errors and omissions excepted

sauvegarder *vb* **1** safeguard *vb*. **2** back *vb* up (eg disc)

sauver *vb*, save *vb*

savoir *vb*, know *vb*

savoir-faire *nm*, know-how *n*

scanneur *nm*, scanner *n*

scellé (-e) *adj* (imp/exp), **1** sealed *adj*; **scellé** (-e) **sous vide**, vacuum-sealed *adj* **2** *nm* seal

scellés *nmpl*, seals *npl*, **apposer** *vb* **des scellés** (sur), put seals (on) **sous scellés**, sealed, under seal

schéma *nm* **1** diagram *n*, (outline) drawing *n*. **2** broad outline (in words)

scotch *nm*, sellotape *n*

séance *nf*, session *n*

sec (-che) *adj*, dry *adj*

second marché *nm* (fin), ≈ the Unlisted Securities Market

secrétaire *nm/f*, secretary *n*; **secrétaire de direction** (pers), director's secretary, ≈ PA, personal assistant; **secrétaire général**, company secretary; **secrétaire personnel** (-le), personal secretary

secteur *nm* **1** sector *n*; **secteur des assurances**, insurance sector *n*; **secteur de marché**, market sector; **secteur tertiaire** (fin), tertiary sector. **2** (mktg, sales) area n, territory n, sales territory; **responsable** nm **de secteur**, area manager. **3** (electricity) mains n; **fonctionne sur secteur**, runs on mains electricity

sectoriel (-le) adj (economics), sectorial adj, relating to sectors of the economy

sécurité nf, security n, safety n

séduisant (-e) adj, attractive adj

segment nm **de marché** (mktg, sales), market segment

segmentation nf (mktg, sales), segmentation n

séjour nm, stay n (period of residence)

séjourner vb, stay vb (somewhere)

sélectionner vb, select vb

selon ... prep, according to ... adv; **selon valeur** (fin), ad valorem

semaine nf, week n

semestre nm, half-year n

semestriel (-le) adj, half-yearly adj

semi-remorque nm (t+d), articulated lorry

sens nm **giratoire** (roads), roundabout

sens nm **unique** (roads), one-way street

sensibiliser vb **à ...**, make vb aware of ...

sensible adj **I** sensitive adj; **être sensible à ...**, be sensitive to .... **2** significant adj **une augmentation sensible**, a significant increase, a marked increase

sentence nf (law), sentence n

SEO (fin, imp/exp), **sauf erreur ou ommission**, E & EO

septennat nm, French President's 7-year period of office

série nf, series n

SERNAM, Service nm **National des Messageries**, national parcel carriers, part of the Société Nationale des Chemins de Fer

serré (-e) adj, tight adj

serveur nm **de fichiers** (comp), file server n

service nm **I** service n; **service après-vente**, after-sales service n; **service clientèle**, customer services npl; **service militaire** (pers), military service. **2** department n; **service de marketing**, marketing department; **service des sinistres** (ins), claims department; **service des ventes**, sales department

seuil nm, threshold n; **seuil de rentabilité** (fin), break-even point; **atteindre le seuil de rentabilité**, break vb even

SGDG, sans garantie du gouvernement, ≈ patent applied for

SI, Système nm **International** (d'unités) international system of metric standards

SICAV, Société nf **d'Investissement à Capital Variable**, unit trust

SICOB, salon nm **international de l'informatique de la communication et de l'organisation de bureau**, (comp), international computer exhibition

SIDA, Syndrome nm **d'Immuno Déficience Acquis**, AIDS

sidérurgie nf, steel industry n

siège nm **social** (fin), registered office

sigle nm, acronym n

signaler vb, notify vb, inform vb (eg someone of an event)

signature nf, signature n

signe nm, indication n

signer vb, sign vb

significatif (-ve) *adj* (facts, events), significant; **un fait significatif**, a significant fact

sincère *adj*, sincere *adj*

sinon *conj* ..., if not ...

SIRENE, Service *nm* **Informatique pour le Répertoire des Entreprises et des Etablissements**, national registration number for companies and institutions

SIRET, Service *nm* **Informatique pour le Répertoire des Etablissements**, national registration number for companies and institutions

site *nm*, site *n*

situation *nf*, situation *n*; **situation de compte** (banks), statement of account; **situation financière** (fin), financial status

situé (e) *adj*, located *adj*

slogan *nm*, slogan *n*

SME, Système *nm* **Monétaire Européen**, EMS, European Monetary System

SMIC, Salaire *nm* **Minimum Interprofessionnel de Croissance**, legal minimum wage

SNC, société *nf* **en nom collectif**, partnership

SNCF, Société *nf* **Nationale des Chemins de Fer**, French national rail company

SNECMA, Société *nf* **Nationale pour l'Etude et la Construction des Moteurs d'Avion** nationalised French aeroengine company

SNIAS, Société *nf* **Nationale de l'Industrie Aéro-spatiale** nationalised French aerospace company

social (-e) *adj*, social *adj*

société *nf*, company *n*, firm *n*; **société par actions**, joint stock company; **société anonyme**, public limited company; **société de contrôle**, holding company; **société de mailings** (mktg, sales), mailing company; **société mère**, holding company, parent company; **société mixte** (fin), semi-nationalized company; **société en nom collectif**, partnership *n*; **société à responsabilité limitée**, private limited company

SOFRES, société *nf* **française d'enquête par sondage**, carries out opinion polls

soigné (-e) *adj* 1 cared for. 2 well prepared, carefully thought out (with attention to detail)

soin, avec soin, with care

soins, aux bons soins de..., C/O, care of ...

solde *nm* 1 (fin) balance *n* (of order, of account); **solde créditeur**, credit balance; **solde dû**, balance due; **solde à nouveau** (fin), brought down, balance brought down. 2 (mktg, sales) sale *n*, item in a shop sale

solide *adj* 1 sound *adj*; **une solide expérience du marketing international**, a sound experience of international marketing. 2 strong (construction), heavy duty

solution *nf* **de remplacement**, alternative *n* arrangement

solvabilité *nf*, credit rating, solvability *n*

somme *nf* **d'argent**, sum *n* (of money)

sommet *nm* (results), peak *n*, top *n*, summit *n*

sonal *nm* (mktg, sales), jingle *n*

sondage *nm*, poll *n*, opinion poll *n*, survey *n*; **faire** *vb* **un sondage**, poll *vb*, carry *vb* out a poll/a survey

sonder *vb*, poll *vb*

sonner *vb* **occupé**, ring *vb* engaged

sophistiqué (-e) *adj*, sophisticated *adj*

sortir *vb* 1 bring *vb* out (eg new

model). **2** come *vb* out (new model, new publication). **3** go *vb* out

souche *nf*, (financial documents) stub *n*

souffert de ..., suffered from ..., been affected by ...

souffrir *vb* (de), suffer *vb* (from)

souhaiter *vb*, wish *vb*

soulever *vb*, lift *vb*

soumis à ..., subject to ...

soumission *nf* **d'offre,** tender *n* (an offer)

soumettre *vb* (un prix), tender *vb* (a price)

soumissionner *vb*, tender *vb*

souple *adj*, supple *adj*, flexible *adj*; **nos techniques souples de production,** our flexible production techniques

source *nf*, source *n*

souris *nf* (comp), mouse *n*

sous *prep*, under *prep*

sous-évaluer *vb*, undervalue *vb*

sous-sol *nm*, basement *n*, below ground; **parking en sous-sol,** underground parking

sous-valorisé (-e) *adj* (fin), undervalued *adj*

souscrire *vb* **1** (gen) support *vb*. **2** (ins) underwrite *vb*; **souscrire une police d'assurance,** take out an insurance policy

soussigné (-e) *adj*, undersigned *adj*; **je, soussigné ..., déclare,** I, the undersigned ..., declare ...

sous-traitance *nf*, subcontracting *n*

sous-traitant *nm* (gen, mktg, sales), subcontractor

sous-traiter *vb*, contract *vb* work out

soutenir *vb*, back *vb*, support *vb*; **soutenir que ...,** claim ... *vb* (eg that something is true)

soutenu (-e) *adj* (markets, trends) buoyant *adj*, steady *adj*, firm *adj*; **le marché est soutenu,** the market is firm

soutien *nm*, backing *n*, support *n*; **apporter son soutien à ...,** support ...

SPA, Société *nf* **Française pour la Protection des Animaux,** ≈ RSPCA, Royal Society for the Prevention of Cruelty to Animals

spécialiser, se spécialiser *vb* (dans), specialise *vb* (in)

spécialité *nf*, speciality *n*

spécifications *nfpl*, specifications *npl* (description of technical features)

spécifier *vb*, specify *vb*

spectaculaire *adj*, spectacular *adj*

spéculer *vb*, speculate *vb*

sponsor *nm* (mktg, sales), sponsor *n*

sponsoring *nm* (mktg, sales), sponsoring *n*

sponsorisé (-e) *adj* (mktg, sales), sponsored *adj*

sponsoriser *vb* (mktg, sales), sponsor *vb*

spot *nm* **publicitaire,** commercial *n*

SS, sécurité *nf* **sociale,** 'La Sécu', social security

SSII *nf,* **Société** *nf* **de Services et d'Ingénierie Informatique** letters indicating a company in the computer services or computer engineering sector

se stabiliser *vb* (trends, results), level *vb* out

stable *adj*, stable *adj*

stage *nm* (pers), training course, training period; **stage d'entreprise** (education), work placement

stagiaire *nm/f* (pers), trainee *n*

stagnation *nf* (fin, mktg, sales), stagnation *n*

stagner *vb* (fin, mktg, sales), stagnate *vb*

stand *nm*, stand *n*; **stand aménageable par l'exposant** (exhibitions), shell scheme

standard *nm*, switchboard *n*

standardiste *nmf*, switchboard operator

station *nf*, I station *n* (eg for Underground). 2 resort *n*, **station de tourisme**, holiday resort

stationnaire *adj*, stationary *adj* (not moving)

stationnement *nm* **unilatéral**, restricted parking (eg on one side of the road only on any one day)

statistique *nf* (fin), statistic *n*

statut *nm* I status *n*. 2 statute *n*

statuts *nmpl* **de la société**, articles of association

statutaire *adj*, statutory *adj*

Sté, société *nf*, company *n*

sténo *nf*, shorthand *n*

sténodactylo *nm/f*, shorthand typist *n*

stimulant *nm* (mktg, sales), incentive *n*

stimulation *nf* **à la vente**, sales incentive

stipulations *nfpl*, stipulations *npl*

stipuler *vb*, stipulate *vb*

stock *n*; **avoir** *vb* **un stock de ...** (mktg, sales), carry *vb* a stock of ...; **être** *vb* **en rupture de stock**, be *vb* out of stock; **stock zéro** (mktg, sales, fin), zero stock

stockage *nm*, storage *n*

stocker *vb*, stock *vb*, store *vb*

stockiste *nm/f*, stockist *n*

stocks *nmpl* (fin), stocks *npl*

stratégie *nf*, strategy *n*; **stratégie** *nf* **de la société**, corporate strategy

strict (-e) *adj*, strict *adj*

structurel (-le) *adj*, structural *adj*

style *nm*, style *n*

stylet *nm* (comp), light pen

stylicien (-enne)*nm/f* (mktg, sales), product designer *n* (designs outer appearance)

stylo *nm* **à encre**, fountain pen *n*

subvention *nf* (fin), grant *n*

subventionner *vb*, subsidise *vb*

succès *nm*, hit *n*, success *n*

succursale *nf*, branch *n*

suffire *vb*, suffice *vb*, be *vb* enough

suffisant (-e) *adj*, sufficient *adj*

suggérer *vb*, suggest *vb*

suivre *vb*, follow *vb*; **à suivre** (articles, reports, documents), to follow, to be continued; **faire** *vb* **suivre**, forward *vb*

sujet, au sujet de ..., about *prep*

sujet à ..., subject to ...

Sup de Co, Ecole *nf* **Supérieure de Commerce** (or 'ESCAE'), Business School (usually) managed by local Chamber of Commerce

supérette *nf* (mktg, sales), small supermarket

supermarché *nm*, supermarket *n*

superviser *vb*, supervise *vb*

supplément *nm*, extra charge

supplémentaire *adj*, supplementary *adj*

supporter *nm*, supporter (football etc)

supporter *vb* I stand *vb* (put up with), bear *vb*. 2 stand *vb* (withstand, resist); **le boîtier peut supporter des températures allant jusqu'à 100 °C**, the case can stand temperatures of up to 100 °C

suppressions *nfpl* **d'emploi**, job cuts, job losses

supprimer vb, suppress vb, cut vb out

sur prep **1** about prep (eg a subject). **2** (position) on prep; **sur place**, on the spot; **sur le terrain**, in the field

sûr (-e) adj, safe adj, sure

surcapacité nf, overcapacity n, excess capacity (for production)

surcharge nf **de soutage** (imp/exp), BAF, bunker adjustment factor

surcharge nf **monétaire** (fin, imp/exp), currency adjustment charge

surcharger vb, overload vb

surchauffe nf, overheating n

surcote nf (share values), marked up

surcoût nm (fin), additional cost

surenchérir vb **sur ...**, outbid vb ...

surendetté (-e) adj (fin), too deep in debt, too much debt

surestaries nfpl (t+d), demurrage n

surligneur nm, highlighter n

surprime nf (ins), extra premium (eg for young drivers)

surproduction nf, overproduction n

surréserver vb, overbook vb

surtaxe nf, surcharge n

surtout adv, specially adv

survaleur nf (fin), goodwill n

surveillant (e) nm/f, supervisor n

surveiller vb, keep vb an eye on, supervise vb

susceptible de ..., liable vb to ... (likely to)

suspendre vb, suspend vb

suspens, mettre vb **un projet en suspens**, shelve vb a project

syndicat nm (pers), trade union

syndiqué(e), être syndiqué (-e) (pers), to be a union member

synthétique adj **1** (gen) synthetic adj. **2** (fabrics) man-made adj

systématiser vb, systematise vb

système nm, system n; **système d'exploitation** (comp), operating system n; **système informatique**, computer system; **système informatique d'aide à la gestion** (comp), management information system n; **système en réseau** (comp), networked system n

T

t, tonne nf, metric ton

table nf, table n

tableau nm **1** board n; **tableau** nm **blanc**, whiteboard n. **2** (figs, reports) table n, chart n; **tableau à feuilles volantes**, flip chart; **tableau papier**, flip chart

tabler vb **sur**, bank vb on

tableur nm (comp), spreadsheet n; **logiciel tableur**, spreadsheet software

tache nf, stain n

tâche nf, task n

tâcher vb **de ...**, try vb to

tacite adj, tacit adj

tactique nf, tactic n

taille nf, size n (clothes etc)

taille-crayon nm, pencil sharpener n

talon nm **de chèque** (fin), cheque stub

tamponner vb, stamp vb (using rubber stamp)

taper vb **1** (gen) tap vb. **2** (comp) type vb, key vb in, keyboard vb

tardif (-ve) adj, late adj

tarif nm (mktg, sales) **1** rate n; **tarif annonces** (mktg, sales), rate card, insertion rate; **tarif ordinaire 1** (gen) standard rate. **2** (post) second class; **tarif postal**, postage (rate). **2** price list

tarifer vb **...**, price vb at ...

tarifs nmpl **dégressifs**, tapering rates

tas, sur le tas, on the job adj

se tasser vb, slip vb back (trends, result)

taux nm, rate n; **au taux de ...**, at the rate of ...; **taux bancaire**, bank rate; **taux de base**, base rate; **taux de change**, rate of exchange; **taux de croissance**, rate of growth; **taux d'escompte**, discount rate; **taux de fret pour marchandises diverses** (t+d), GCR, general cargo rates; **taux d'intérêt**, rate of interest; **taux de marge**, mark-up n (profit margin); **taux uniforme**, flat rate; **taux en vigueur** (fin), CR, current rate

taxe nf, tax n, duty n; **taxe** nf **d'apprentissage**, ≈ training levy; **taxe d'habitation**, local tax, based on property, ≈ the rates; **taxe professionnelle**, ≈ local business rate

TC, transport nm **combiné**, CT, combined transport

technicien nm, technician n

technico-commercial nm (mktg, sales), sales engineer

technique adj, technical adj

technique nf, technique n

techniques nfpl **de commercialisation**, merchandising n, ≈ marketing n

technologie nf, technology n; **technologie** nf **de pointe**, leading edge technology

teinte nf, shade n (colour)

télé, télévision nf, television n

télécarte nf, phonecard n

télécharger vb (comp), download vb

télécommande nf, remote control n

téléconférence nf, teleconference n

télécopie nf, fax n

télécopier vb, fax vb

télécopieur nm, fax machine n

téléfax nm, facsimile n, fax n

télégramme nm, telegramme n

téléjournal *nm*, news programme (TV)

télémarketing *nm* (mktg, sales), telemarketing

télématique *nf* (mktg, sales), EDT, electronic data transmission

téléphone *nm*, telephone *n*; **téléphone portatif**, mobile (lightweight) telephone; **téléphone pour personnes en déplacement**, mobile phone *n*; **téléphone public**, payphone *n*; **téléphone de voiture**, car phone

téléphoner *vb* (à ...), telephone *vb*

téléscripteur *nm*, teleprinter *n*, telewriter *n*

téléviseur *nm*, television set

télévision *nf*, television *n*; **à la télévision**, on the TV; **télévision en circuit fermé**, CCTV, closed circuit television; **télévision par câble**, cable TV

télex *nm*, telex *n*

témoigner *vb*, witness *vb*

témoin *nm* (law), witness *n*; **témoin oculaire**, eyewitness

temps *nm*, time *n*; **à temps partiel** (pers), part-time; **à plein temps** (pers), full-time; **temps d'arrêt** (machines), down time *n*; **temps de réalisation**, lead time

tendance *nf*, trend *n*; **tendance** *nf* **à la hausse**, upward trend; **tendance** *nf* **du marché**, market trend

tenir *vb*, hold *vb*; **tenir** *vb* **compte de ...**, take *vb* ... into account

tension, sous tension, live *adj* (electrical current)

tentative *nf*, attempt *n*

tente *nm* **d'accueil** (mktg, sales), hospitality tent

tenter *vb* **de**, try *vb* to, attempt to

terminal *nm* (t+d), terminal *n*

terminer, se terminer *vb*, end *vb*

terrain *nm* **à bâtir** (not yet built on), building plot *n*

terre *nf*, land *n*

territoire *nm*, territory *n*

tertiaire *adj*, tertiary *adj*

test *nm*, test *n*

tester *vb*, test *vb* (eg products)

tête *nf*, head *n*; **venir** *vb* **en tête de ...**, come *vb* top of ...

TGV, Train *nm* **à Grande Vitesse**, high-speed train

ticket *nm* **modérateur**, amount of prescription or treatment charge not refunded by state health system.

ticket *nm* **restaurant**, LV, luncheon voucher

tiers *nm*, third *nm*

timbre *nm*, stamp *n*; **timbre-poste** *nm*, postage stamp *n*

timbrer *vb*, stamp *vb* (put postage or tax stamp on)

TIR *nm*, **Transports** *nmpl* **Internationaux Routiers**

tirage *nm* (newspapers, publications), print run, number printed; **tirage des prix**, prize draw; **tirage au sort**, lottery *n*, lucky draw

tiré *nm*, drawee *n*

tirer *vb* **un chèque** (sur ...), make out a cheque (on ...)

tireur *nm* (fin), drawer *n*

tiroir *nm*, drawer *n*

tissu *nm*, fabric *n* (eg cloth)

tissus *nmpl* **d'ameublement**, soft furnishings *npl*

titre *nm* (stock market), security *n*, title *n*, headline *n*; **titre d'action** (fin), share certificate, ≈ share warrant; **titre de propriété**, title deed; **titre de transport** (imp/exp), ticket *n*

titres *nmpl* **au porteur**, bearer securities

titulaire *nm* (imp/exp) **1** (gen) holder **titulaire d'un compte**, account holder. **2** title holder. **3** holder of a post.

tolérance *nf*, tolerance *n*

tomber *vb*, fall *vb* (rates, prices), drop *vb*; **tomber en chute libre** (gen, fin), freefall *vb*, plummet *vb*; **tomber en panne de carburant**, run *vb* out of fuel

tonnage *nm*, tonnage *n*

tort, **avoir** *vb* **tort**, be *vb* wrong

total *nm*, total *n*; **faire** *vb* **le total** (de), add *vb* up figures

touche *nf* (comp), key *n*

toucher *vb*, touch *vb*, affect *vb*; **touché par**, affected by; **toucher un chèque** (fin), cash *vb* a cheque

tourisme *nm*, tourism *n*

tourner *vb*, turn *vb*

tous risques (ins), all risks

tout à fait, absolutely, completely; **vous avez tout à fait raison**, you're absolutely right

tout droit, straight on

TP, **travaux** *nmpl* **publics**, public works

trace *nf* (de), record *n* (of); **nous ne trouvons pas trace de votre lettre**, we have no record of your letter

tracé *nm*, line *n*, curve on a graph

tract *nm* (mktg, sales), leaflet *n*, flier/flyer *n*

traduction *nf*, translation *n*

traduire *vb*, translate *vb*

trafic *nm* (de) **marchandises** (imp/exp, t+d), goods traffic (ie in and out of port)

trafiquer *vb*, tamper *vb* (eg with goods)

train *nm*, train *n*; **prendre** *vb* **un train**, catch *vb* a train; **train direct**, through train; **train de marchandises** (t+d), freight train

traite *nf*, draft *n*; **traite bancaire**, bank draft; **traite tirée sur une banque**, bank draft; **traite à vue** (fin), sight draft

traitement *nm* **1** processing *n*; **traitement de données**, data processing; **traitement par lots** (comp), batch processing; **traitement de texte**, wordprocessing *n*. **2** (pers) salary *n*. **3** treatment *n*

traiter *vb* **1** (gen) deal *vb* with. **2** (technology) process *vb*

traiteur *nm*, caterer *n*

trajet *nm*, journey *n*

tranche *nf* **1** (fin, loans) tranche *n*. **2** (fin) bracket; **tranche d'impôt**, tax bracket. **3** (gen) slice *n*

transaction *nf*, transaction *n*

transbordement *nm*, trans-shipment *n*

transféré (-e) *adj* (fin), assigned *adj*

transfert *nm* **de fonds par courrier avion** (fin), AMT, Air Mail Transfer

transformer *vb*, transform *vb*

transitaire *nm* (t+d), forwarding agent

transmettre *vb* (à, de), transmit *vb* (to, from)

transmission *nf* **de données** (comp), data transmission *n*

transparent *nm*, transparency *n* (OHP)

transport *nm*, transport *n*, haulage *n*; **transport combiné** (t+d), combined transport, multimodal transport; **transport routier** (t+d), road haulage

transporter *vb*, carry *vb*; **transporter un chargement à ...**, take a load to ...

transporteur *nm* (t+d), carrier *n*, haulier *n*

transports *nmpl* **en commun**, public transport

transports *nmpl* **fluviaux** (t+d), river transport

travail *nm* 1 work *n*; **travail administratif**, administrative work, paperwork *n*. 2 job *n* (specific piece of work to do); **travail intérimaire**, temporary employment

travailler *vb*, work *vb*

travaux *nmpl* **publics**, public works

traversée *nf*, crossing *n*

traverser *vb* 1 cross *vb* (travel across a country). 2 go through; **traverser une crise**, go through a crisis

trésorerie, problèmes *nmpl* **de trésorerie**, cash flow problems

tri *nm* (comp), sort *n*

tribunal *nm* (law), court *n*; **tribunal correctionnel** (law), ≈ criminal court; **tribunal d'instance** (law), ≈ magistrate's court

trier *vb* (comp), sort *vb*

trimestre *nm*, quarter *n*

trimestriel (-le) *adj*, quarterly *adj*

tripler *vb*, triple *vb*

troc *nm*, barter *n*

trombone *nm* (offce), paper clip *n*

trompeur (-euse) *adj*, misleading *adj*

trop-perçu *nm* (fin), overpayment *n*

troquer *vb*, barter *vb*

trouver *vb* find *vb*, locate *vb*

se trouver à ..., be at ...; **l'usine se trouve à ...**, the factory is at ...

TSVP, tournez s'il vous plaît, PTO, please turn over

TT, transit temporaire, temporary number plate for vehicle in transit to another country

Tt cft, tout confort (hotels, property ads), all mod cons

TTC, toutes taxes comprises (mktg, sales), inclusive of tax

TUC, travaux *nmpl* **d'utilité collective**, job creation scheme for unemployed

turnover *nm*, staff turnover *n*

tuyaux *nmpl* **d'orgue**, columns/bars (of bar chart)

TVA, taxe *nf* **à la valeur ajoutée**, VAT, value added tax

U

UDF, Union *nf* **pour la Démocratie Française**, right-wing party

UFR, Unité *nf* **de Formation et de Recherche**, university faculty

ultimatum *nm*, ultimatum *n*

unanime *adj*, unanimous *adj*

unanimité, à l'unanimité, unanimously *adv*

uniforme *adj*, uniform *adj*

unité *nf*, unit *n*; **unité centrale de traitement** (comp), CPU, Central Processing Unit; **unité d'entraînement de disques** (externe), disc drive *n* (external)

urbain (-e) *adj*, urban *adj*

usagé (-e) *adj*, used *adj*

usage *nm*, use *n*; **pour usage intensif**, heavy duty; **pour usage extérieur**, for outside use

usagers *nmpl*, users *npl*

usé (-e) *adj*, worn-out *adj*

usine *nf*, factory *n*; **à l'usine** (imp/exp), EXW, Ex works

usiné (-e) *adj*, machined *adj*

utile *adj*, useful *adj*

utilisation *nf*, use *n*; **d'utilisation facile**, user-friendly

utilisateur *nm*, user *n*

utiliser *vb*, use *vb*

utilitaire *nm* **1** (comp) utility *n*. **2** (t+d) van *n*; **location d'utilitaires**, van hire

V

vache *nf* **à lait** (fin), cash cow

valable *adj*, valid *adj*; **valable à partir de ...**, valid from ...

valeur *nf*, value *n*, worth *n*; **valeur brute** (fin), net value; **valeur de la facture**, invoice value; **valeur marchande**, market price; **valeur mobilière** (fin), securities *npl*, shares *npl* ; **valeur nominale** (fin, stock market), face value *n*; **valeur de rachat 1** (gen) trade-in value. **2** (stock exchange) surrender value. **valeur résiduelle**, net worth; **valeur vénale** (ins), current value

valide *adj*, valid *adj*

valider *vb*, validate *vb*

valise *nf*, suitcase *n*

valoir *vb*, **1** be *vb* worth; **en valoir la peine**, be worthwhile. **2 à valoir** (financial statements), on account; **à valoir** *vb* **sur ...**, on account of ...

valorisant, emploi valorisant, rewarding position/job

vapeur *nf*, steam *n*

vapeur *nm*, steamship *n*

variable *adj*, variable *adj*

variation *nf*, variation *n*

varier *vb*, vary *vb*

VDQS, Vin *nm* **Délimité de Qualité Supérieure**, letters indicating a wine which has been produced in a defined region or area. The European equivalent is **VQPRD,** *nmpl,* **Vins de Qualité Produits dans des Régions Determinées**

véhicule *nf*, vehicle *n*

vendeur (-euse)*nm/f* **I** salesman *n*, saleswoman *n*; **vendeur à domicile**, (door-to-door) salesman *n*. **2** seller *n*

vendre *vb*, sell *vb*; **à vendre**, for sale; **vendre à perte**, dump *vb* (sell at loss)

venir *vb*, **I** come *vb*; **il vient de Rome**, he comes from Rome; **venir chercher** (eg à la gare), come *vb* to meet (eg at the station); **2 venir** *vb* **à échéance** (fin), fall *vb* due; **3 venir** *vb* **de ...**, just ... (happened a short while ago); **ils viennent de fusionner avec XYZ Plc**, they have just merged with XYZ Plc

vente *nf*, sale *n*; **vente d'appel**, loss leader; **vente au détail**, retail sales; **vente directe**, direct sales *n*; **vente aux enchères**, auction *n*; **vente de gré à gré**, private sale; **vente par correspondance**, mail order; **vente par soumission**, sale by tender; **vente par téléphone**, telephone sales; **en vente**, on sale

ventes, courbe *nf* **des ventes**, sales chart

ventiler *vb* **I** (offce) circulate *vb*, distribute *vb* (document, memo). **2** (fin, accounts) break *vb* down figures. **3** (buildings) ventilate *vb*

vépéciste *nm* (mktg, sales), mail order company

verbal (-e) *adj*, verbal *adj*

verbaliser *vb*, make out a summons form (eg make out document for speed offence)

vérifier *vb*, make *vb* sure, check *vb*, verify *vb*; **vérifier** *vb* **les comptes**, audit *vb* the accounts

vers *prep*, towards *prep*; **vers la fin de ...**, towards the end of ...

versement *nm*, remittance *n*; **versement partiel**, part payment, instalment *n*; **versement télé-graphique**, TT, telegraphic transfer

versements *nmpl* **échelonnés**, stage payments

versements *nmpl* **mensuels**, monthly payments

verser *vb* (de l'argent), pay *vb* (in money); **verser des arrhes**, pay *vb* a deposit; **verser une caution** (mktg, sales), pay *vb* a security deposit, a guarantee; **verser sur un compte**, pay *vb* into an account; **verser la somme de ...**, pay *vb* the sum of ..., remit *vb* the sum of ...

verso, sur le verso, on the other side (of document, piece of paper)

veto *n*, veto *n*; **opposer** *vb* **son véto à ...**, veto *vb*

veuillez écrire en lettres d'imprimerie (form-filling), please print *vb*

veuillez écrire lisiblement (form-filling), please print *vb*

VGA *nm* (comp), VGA *n*

viabilité *nf*, viability *n*

vice *nm*, defect *n*; **vice caché**, hidden defect

Vice-Président (-e) *nm/f*, vice president, vice chairperson

vide *adj*, empty *adj*

vidéo *nf*, video *n*

vignette *nf*, tax disc *n* (vehicles)

vigueur, entrer *vb* **en vigueur** (law), come *vb* into effect

ville *nf*, town *n*

vin *nm* **d'honneur**, reception *n* (drinks, snacks)

violation *nf* **d'un accord** (law), breach of an agreement

violation *nf* **de contrat** (law), breach of contract

virement *nm* (fin), transfer *n*; **virement** *nm* **bancaire**, credit transfer (bank to bank); **virement de crédit**, credit transfer

virer vb **1** (gen) turn vb. **2** sack vb (fam). **3** (fin) transfer vb money

virgule nf **1** comma n. **2** decimal point; **vingt trois virgule zéro trois (23, 03)**, 23 point zero three (23.03)

virus nm, virus n

visite nf **1** visit n, call n (pay a call); **rendre** vb **visite** (à ...), pay vb a visit (to ...). **2** tour n (eg of factory)

visiteur nm, visitor n

visser vb, screw vb

vitesse nf, speed n

vitrine nf, (shop) window, glass display cabinet

voie nf **1** lane n (motorway); **voie expresse** (t+d), expressway n. **2** track n (railway). **3** (radio) channel n

voiture nf, car n; **voiture de fonction**, company car; **voiture de location**, hire car n

voix nf **1** vote n. **2** voice n

vol nm **1** (law), theft n; **vol maraude, non délivrance** (ins, imp/exp), TPND, theft, pilferage, non-delivery. **2** flight n; **vol 'charter'**, chartered flight; **vol régulier**, scheduled flight

volé (-e) adj, stolen adj

voler vb, rob vb, steal vb

volume, en gros volume, in bulk

voluntaire adj, voluntary adj

voter vb, vote vb

voyage nm, trip n; **voyage d'affaires**, business trip; **voyage organisé**, package tour

voyager vb, travel vb

voyagiste nm, tour operator

VPC, vente nf **par correspondance**, MOB, mail order business

VPCD, vente nf **par commande à distance** (mktg, sales), mail order sales

VQPRD nmpl, **Vins** nmpl **de Qualité Produits dans des Régions Déterminées** standard European letters indicating a wine which has been produced in a defined region or area

vrac, en vrac, loose adj

vrai (-e) adj, true adj

vraquier nm, (sea), bulk carrier

VRP, voyageur nm, **représentant placier**, representative n (registered salesman)

vue nf **1** sight n; **à ... jours de vue** (fin), at ... days after sight; **payable à vue** (fin), payable on sight; **2 en vue de ...**, with a view to; **en vue d'un accord**, with a view to reaching an agreement

W | Z

wagon *nm*, carriage *n*, wagon *n*;
 wagon citerne, tanker wagon
 (rail); **wagon de marchandises**
 (t+d), freight car

wagon-lit *nm*, sleeper *n*

ZAC, **zone** *nf* **d'aménagement
 concerté**, mixed housing develop-
 ment (council and private housing
 developed together)

ZAD, **zone** *nf* **d'aménagement
 différé**, zone designated for future
 development

zéro défaut, zero defect

ZIF, **zone** *nf* **d'intervention fon-
 cière**, property development area
 (urban renewal)

zone *nf*, zone *n*, area *n*; **zone** *nf*
 d'activités commerciales, busi-
 ness park, trading estate

zone *nf* **artisanale**, small business
 area; **zone bleue**, restricted park-
 ing zone; **zone d'entreprise**,
 development area; **zone indus-
 trielle**, industrial estate

ZUP, **zone** *nf* **à urbaniser en pri-
 orité**, urban development area

ENGLISH — FRENCH

A

4 A, the four A's (mktg), les 4 A, Anecdote, Affectivité, Argent, Agression

aar, against all risks (ins), contre tous risques

able, to be *vb* **able to** (ability), pouvoir *vb*; **we are able to deliver ...,** nous pouvons vous livrer ...

aboard *adv*, à bord

about *adv/prep* **1** (approximately) environ; **the industrial estate is about 3 miles from the town centre**, la zone industrielle se trouve à environ 3 miles du centre ville. **2 be** *vb* **about** (on subject of), avoir *vb* pour sujet; **the meeting will be about the new product launch**, la réunion sera au sujet du lancement du nouveau produit

above *adv/prep* **1** au-dessus de *prep*; **above the main entrance**, au-dessus de l'entrée principale. **2** (eg forms), ci-dessus **the above address**, l'adresse ci-dessus. **3** (fin) au-dessus de **above 5%**, au-dessus de 5%

abroad *adv*, à l'étranger; **go abroad**, aller à l'étranger

absenteeism *n* (pers), absentéisme *nm*

abuse 1 abus *nm*; **abuse of confidence**, abus *nm* de confiance. **2** (misuse) abus

A/C, account/current (fin), compte *nm* courant

A/C, a/c, AC, alternating current, courant *nm* alternatif

acc, acct, account *n*, compte *nm*

accelerate *vb*, accélérer *vb*

accept *vb*, accepter *vb*

acceptable *adj*, acceptable *adj*

acceptance *n*, acceptation *nf*

access *vb* (comp), accéder *vb* à; **access the network**, avoir *vb* accès au réseau

accessories *npl*, accessoires *nmpl*; **car accessories**, accessoires auto

accident *n* (pers), accident *nm*; **he has had an accident**, il a eu un accident

accommodate *vb* **1** (hotels etc) accueillir *vb*. **2** (available space, machines etc) contenir *vb*

accommodation *n* (hotel, flat), hébergement *nm*, logement *nm*

accompanied by, accompagné (-e) de; **our manager will be accompanied by ...,** notre directeur sera accompagné de ...

accompany *vb*, accompagner *vb*

according to ... *adv*, selon ... *adv*

account *n* (fin), compte *nm*; **pay** *vb* **money into an account**, verser *vb* de l'argent sur un compte; **advertising account** (mktg, sales), budget *nm* d'annonceur; **buy** *vb* **on account** (fin), acheter *vb* sur crédit; **on account** (fin. statements), à valoir; **account executive** (mktg, sales), responsable *nm* du budget publicité; **accounts receivable to purchases** (fin, accounts), crédit *nm* fournisseurs; **accounts receivable to sales** (fin), crédit *nm* clients

accountant *n*, comptable *nm*

accounting *n*, comptabilité *nf*; **accounting period** *n*, exercice *nm* financier

accounts clerk *n*, comptable *nm*

accurate *adj*, exact (-e) *adj*

accuse *vb* (of) (law), accuser *vb* (de)

achieve *vb* (fin results), réaliser *vb*;

achieve a profit of ... réaliser un bénéfice de ...

achievement n, réussite nf

acid test ratio (fin), ratio nm de liquidité immédiate

acknowledge vb **receipt** (of ...), accuser vb réception (de ...)

acronym n, sigle nm

ad n (mktg, sales), annonce nf

a/d, ... after date (fin), ... de date; **90 days after date**, à 90 jours de date

ad.val, ad valorem (fin), selon valeur

adapt vb, adapter vb; **adapt to our needs**, adapter à nos besoins

add vb (to), ajouter (à); **please add ... to our order**, veuillez ajouter à notre commande ...

add vb **up** (fin, offce, calculations), additioner vb

additional charge, charge nf supplémentaire

address vb **1** (letters), adresser vb; **address your cv for the attention of ...** adresser votre cv à l'attention de .... **2** (deal with) **address a problem, a task**, aborder vb un problème, une tâche

addressee n, destinataire nm

adjust vb, ajuster vb

adjustment n **1** (fin) redressement nm; **adjustment of the figures**, redressement des chiffres. **2** (of machine) réglage nm

administration n, administration nf

admit vb, admettre vb

admittance n (entry), entrée nf

advance n **1** (move forward) avance nf. **2** (law) provision nf. **3** (part payment in advance) avance **advance booking**, réservation d'avance; **advance payment** (fin) avance

advantage n (mktg, sales), avantage nm

advertise vb **1** (a post) passer vb une annonce d'emploi. **2** (a product) faire de la publicité; **we plan to advertise in the trade journals**, nous avons l'intention de faire de la publicité dans les journaux professionnels

advertisement n, annonce nf; **to place an advertisement,** passer une annonce; **to reply to an advertisement,** répondre à une annonce

advertiser n (mktg, sales), annonceur nm

advertising n, publicité nf; **advertising agent,** (agent) publicitaire nm; **advertising campaign** (mktg, sales), campagne nf publicitaire; **advertising manager** (mktg, sales), directeur nm de publicité

advertorial n (mktg, sales), article nm rédactionnel

advice n **1** (piece of advice), conseil nm; **2** (correspondence), **advice of ...** avis nm de ...; **advice of payment,** avis de paiement

advise vb **1** conseiller vb. **2** aviser vb (formal, letters etc); **please advise us of the date of delivery,** veuillez nous aviser de la date de livraison

affect vb (have an effect on), influer vb sur

affected by, touché par

after adv, après adv

after-sales (mktg, sales), après-vente nf; **after-sales service,** service nm après-vente

against the trend, à contre courant

agency n, agence nf

agenda n, ordre nm du jour; **on the agenda**, à l'ordre du jour

agent n, agent nm

aggressive adj (mktg, sales), agressif (-ve) adj

AGM, Annual General Meeting n, AG, Assemblée nm Générale

Annuelle

agree vb (to come to agreement), tomber vb d'accord, se mettre vb d'accord; **at the meeting we agreed to ...**, lors de la réunion nous sommes tombés d'accord pour ...

agree vb **to 1** (gen) accepter vb de faire quelque chose. **2** (law) accepter vb; **we agree to the terms of the contract**, nous acceptons les termes du contrat

agree vb **with**, être vb d'accord avec

agreed adj, convenu (-e) adj

agreement n, accord nm; **reach** vb **agreement**, parvenir vb à un accord

agt, agent n, agent nm

aid n, aide nf

aim n, objectif nm

aim vb **to ...**, avoir vb pour but de ...

air n, **by air** (t+d), par voie nf aérienne; **air cargo** (t+d), fret nm aérien; **air-conditioned** adj, climatisé (-e) adj; **air-conditioned bedrooms**, chambres nfpl climatisées; **air consignment note** n (imp/exp), lettre nf de transport aérien, LTA

air waybill n (imp/exp), lettre nf de transport aérien

airfreight n (t+d), fret nm aérien; **send** vb **by airfreight** (t+d), envoyer vb par voie aérienne; **airfreight collect** (imp/exp), port nm aérien dû

airport n, aéroport nm; **airport terminal** n, aérogare nf

airtight adj hermétique adj

A-Level, Advanced Level, Baccalauréat nm

all risks (fin, ins), tous risques; **all risks insurance policy** (ins), police nf d'assurance tous risques

all-in price 1 (fin) prix nm tout compris. **2** (mktg, sales) prix nm forfaitaire

allow vb **for** (fin), tenir vb compte de

almost adv (nearly), presque adv; **inflation has reached almost 9%**, l'inflation a atteint presque 9%; **your order is almost ready**, votre commande est presque prête

alter vb, modifier vb

alternative n (arrangement), solution nf de remplacement

a.m., ante meridiem, du matin

amt, amount n (fin), montant nm; **the amount of the invoice is £321**, le montant de la facture est de £321

AMT, Air Mail Transfer (fin), transfert nm de fonds par courrier avion

analyse vb, analyser vb

analysis n (of figures, results), analyse nf; **an analysis of the figures indicates that ...**, l'analyse des chiffres indique que ...

analyst n, analyste nm/f

annual adj, annuel (-le) adj; **annual bonus** (pers), prime nf annuelle; **annual report** n (fin), rapport nm annuel

ansaphone/answerphone n, répondeur nm automatique

answer n (to), réponse nf (à); **in answer to**, en réponse à

answer vb, répondre vb (à)

a/o, account of ... (fin), compte nm de ...

A/P, Additional Premium (ins), complément nm de prime

apologise vb **1** (orally) s'excuser vb; **I apologise**, je m'excuse. **2** (correspondence) excuser vb; **we apologise for the delay**, nous vous prions de nous excuser pour le retard

apology n, excuse nf; **please accept our apologies**, veuillez accepter nos excuses

appeal vb (against) (law), faire vb appel (contre); **appeal** vb (to) (be attractive), attirer vb

application form 1 (exhibitions etc) dossier nm d'inscription; **please complete the application form**, veuillez compléter le dossier d'inscription. **2** (jobs etc) dossier nm de candidature

apply vb, appliquer vb; **apply for a job** (pers), poser vb sa candidature pour un poste, faire vb acte de candidature pour un poste (formal)

appoint vb, nommer vb

appointment n, rendez-vous nm; **to make an appointment** (offce), fixer vb un rendez-vous

appraisal n (pers), évaluation nf

appreciate vb (understand), se rendre vb compte de; **we appreciate your situation**, nous nous rendons compte de votre situation

appreciation n (fin) (increase in value), plus-value nf

approach vb (trends, figures), avoisiner vb; **the rate is approaching the 3% mark**, le taux avoisine les 3%

appropriation n (balance sheet), dotation nf

approval, on approval (mktg, sales), à l'essai

approved adj, agréé (-e) adj; **approved retailer**, détaillant nm agréé; **approved supplier**, fournisseur nm agréé

AR, advice of receipt (imp/exp), avis nm de réception

A/R, all risks (ins), tous risques

arbitration n (pers), arbitrage nm

arcade n (mktg, sales), galerie nf; **shopping arcade**, galerie marchande

area n **1** (geographical) région nf. **2** (sales territory etc) secteur nm; **area manager**, responsable de secteur, (pers) directeur nm régional

argument n, argument nm

armchair n (offce), fauteuil nm

around (roughly) environ; **the price is around £5000**, le prix est de £5000 environ

arr, arrival n, arrivée nm; **the arrival of the consignment**, l'arrivée de l'envoi

arrange vb **for ...**, arranger vb, faire vb le nécessaire pour ...; **we have arranged for the goods to reach you tomorrow**, nous avons fait le nécessaire pour que les marchandises vous parviennent demain

arrangements npl, dispositions nfpl

arrears, in arrears (of payment), en retard (de paiement)

arrive vb (t+d), arriver vb

articulated lorry (t+d), camion nm semi-remorque

artwork n (mktg, sales), document nm (recommended term)

A/S, account sales (mktg+sales), compte nm de ventes

a/s, ... after sight (fin), ... de vue; **30 days after sight**, à 30 jours de vue

assemble vb **1** (kits etc) monter vb; **easy to assemble**, facile à monter. **2** (for meeting) se réunir vb; **the representatives assembled in ...**, les délégués se sont réunis dans ...

assembled adj, monté (-e) adj

assembler n, monteur nm

assembly n **1** (completed assembly of parts) montage nm; **assembly line** n, chaîne nf de montage. **2** (formal meeting, politics) assemblée nf

assess vb, évaluer vb

assessment n (pers), évaluation nf; **assessment centre** (pers), centre nm d'évaluation

assessor n (ins), assesseur nm

asset n 1 (gen) atout nm; **their main asset is ...**, leur atout principal est ... 2 (balance sheet) actif nm; **fixed assets** (fin), biens nmpl immobiliers

assist vb , aider vb, assister vb

assistant n 1 assistant (-e) nm/f; **manager's assistant**, assistant (-e) au directeur. 2 adjoint (-e) nm/f; **assistant manager**, directeur adjoint

ATM, Automatic Teller Machine n (fin), distributeur nm automatique des billets (de banque)

attach vb 1 attacher vb 2 (correspondence) joindre vb; **we attach ...**, nous joignons ...

attractive adj, attrayant (-e) adj, séduisant (-e) adj; **available in attractive colours**, disponible dans des couleurs séduisantes

auction n, vente nf aux enchères

audiotypist n, audiotypiste nm/f

audit n, audit nm

audit vb 1 (gen) faire vb l'audit de ...; **carry out a computer systems audit**, faire l'audit des systèmes informatiques. 2 (fin) vérifier vb

auditor n (fin), commissaire nm aux comptes

authorise vb (to do something), autoriser vb (à faire quelque chose); **authorised capital** (fin), capital nm social

A/V, ad valorem (imp/exp), selon valeur

av, average n 1 moyenne nf; **on average**, en moyenne; **sales reached an average of 1000 per month**, les ventes ont atteint une moyenne de 1000 par mois. 2 (ins) avarie nf

average ...vb (calculations), faire vb la moyenne de ...

aviation n, aviation nf

avoid vb, éviter vb

aware of, be vb **aware of** 1 (eg problems) être vb conscient de ... 2 (a situation) être vb au courant de (d'une situation); **make** vb **aware of** (mktg, sales), sensibiliser vb (à ...); **make customers aware of ...**, sensibiliser les clients à ...

AWB, air waybill (imp/exp), LTA, lettre nf de transport aérien

B

BA, Bachelor of Arts, ≈ licencié(e) ès lettres *nm/f*

back *vb* **1** (support) soutenir *vb*. **2** (fin) (guarantee) garantir *vb*. **3** (written guarantee) avaliser *vb*; **the bill has been backed by ...**, la traite a été avalisée par ...

back up *vb* (eg computer disc), sauvegarder *vb* (eg un disque d'ordinateur)

back load (t+d), fret *nm* de retour

back-to-back credit (fin), crédit *nm* adossé

backer *n* (fin), commanditaire *nm*

backing *n*, soutien *nm*

badge *n*, macaron *nm*, 'badge' *nm*

BAF, bunker adjustment factor (imp/exp), surcharge *nf* de soutage

bag *n* **1** (gen) sac *nm*. **2** (small sealed bag) sachet *nm*

bail *n* (law), caution *nf*; **release** *vb* **on bail**, remettre *vb* en liberté sous caution

bailiff *n* (law), huissier *nm*

bal, balance *n* (fin) (of order, account) solde *nm*; **balance due** (fin), solde *nm* dû

balance *vb*, équilibrer *vb*

bale *n*, (imp/exp), balle *nf*

ban *n* (on publication, export etc) embargo *nm*; **they have put a ban on the press release**, le communiqué de presse a fait l'objet d'un embargo

ban *vb*, interdire *vb*

bank *n*, banque *nf*; **bank charges** (in particular transaction), agios *nmpl*; **bank deposit**, dépôt *nm* en banque; **bank draft**, traite *nf* bancaire; **bank note**, billet *nm* de banque; **bank rate**, taux *nm* bancaire

bank *vb*, déposer *vb* en banque

bank on *vb*, tabler *vb* sur

bankrupt, to go *vb* **bankrupt**, faire *vb* faillite

bar *n* (for drinks), bar *nm*

bar chart *n*, graphique *nm* à barres, graphique *nm* à 'tuyaux d'orgue'

bar code *n* (gen, comp), code barres *nm*

bargain *n*, bonne affaire *nf*; **to get a bargain**, faire une bonne affaire

bargain *vb* (mktg, sales), marchander *vb*

barge *n* (t+d), péniche *nf*, chaland *nm*

barrister *n* (law), avocat *nm*

barter *n* (imp/exp), troc *nm*; **barter trade** (imp/exp), accord *nm* de compensation

barter *vb*, troquer *vb*

base rate *n* (fin), taux *nm* de base

based in, the company is based in ..., le centre d'opérations de la société se trouve à ...

basic *adj* fondamental (-e) *adj*; **basic equipment**, équipment *nm* de base; **basic point**, point *nm* fondamental

batch *n*, lot *nm*; **batch processing** (comp), traitement *nm* par lots

battery *n* (electricity) **1** (small) pile *nf*. **2** (large, multicell) batterie *nf*

B + B, Bed and Breakfast, chambre *nf* d'hôte

bbl, barrel *n* **1** (oil) baril *nm*. **2** (gen) fût *nm*

B/D, bank draft (fin), traite *nf* tirée sur une banque.

bd, b/d, brought down, balance brought down (fin), solde *nm* à nouveau

B/E 1 bill of entry (imp/exp), rapport *nm* en douane. **2 bill of exchange** (fin), effet *nm* de commerce

bear *n* (stock market), baissier *nm*

bear *vb*, supporter *vb*

bearer *n* (of document), porteur *nm*; **bearer securities**, titres *nmpl* au porteur

before *adj*, avant *adj*; **before 5 June**, avant le 5 juin; **before ordering ...**, avant de commander ...

behalf, on behalf of ... 1 (gen) de la part de ... **2** (fin) pour le compte de ...

below, *prep* au-dessous de *prep*

benefit *n*, avantage *nm*; **one of the benefits of our service is ...**, l'un des avantages de notre service est ...

benefit *vb* **from ...**, bénéficier *vb* de ...

berth *n* **1** (harbour) poste *nm* de mouillage, poste *nm* d'amarrage. **2** (trains) couchette *nf*

berth *vb* (t+d), amarrer *vb*

between *prep*, entre *prep*

bf, bf, b/f, brought forward (fin, accounts), report *nm*

bid *n* (fin), offre *nf*; **bid** *vb* **for ...** (fin), offrir *vb* un prix pour ...

big *adj* **1** grand (-e) *adj*. **2** important (-e) *adj*

bill *n* **1** (to be paid) facture *nf*. **2** (negotiable) traite *nf*. **3** (politics) proposition *nf* de loi

bill board *n* (mktg, sales), panneau *nm* publicitaire

Bill of Lading (imp/exp), connaissement *nm*; **clean bill of lading**, connaissement *nm* non clausé

binding *adj* (law), obligatoire *adj*; **binding agreement** (law), engagement *nm*

biro *n* bic *nm*

BIS, Bank for International Settlements BRI *nf*, Banque *nf* des Règlements Internationaux

Bk, bank *n* (fin), banque *nf*

B/L, bill of lading (imp/exp), connaissement *nm*

bl, bale *n*, balle *nf*

bl, barrel *n* (imp/exp) **1** (gen) fût *nf*. **2** (oil) baril *nm*

blackboard *n*, tableau *nm* (noir)

blister pack (mktg, sales), 'blister' *nm*

blue chip (share) (fin), valeur *nf* de premier ordre (recommended term); **blue chip company** (fin), société *nf* de premier ordre

blue collar (pers), col *nm* bleu

blurb *n* (mktg, sales), notice *nf* publicitaire

board director (pers), membre *nm* du conseil d'administration

boat *n* (t+d), bateau *nm*

bolt *vb* (eng), boulonner *vb*; **bolted** *adj* (eng), boulonné (-e) *adj*

bond *n* **1** (stock market) obligation *nf* (avec garantie). **2** (guarantee) caution *nf*, engagement *nm*

bonded warehouse (imp/exp), entrepôt *nm* des douanes

bonus *n* **1** (ins) bonus *nm*. **2** (extra payment) prime *nf*

book *vb* **1** (accommodation), réserver *vb*; **book an order**, enregistrer une commande; **book a stand**, réserver un stand; **2 book value** (accounts, ins), valeur *nf* comptable

booking *n*, réservation *nf*; **booking form 1** (hotels etc) formulaire *nm* de réservation. **2** (exhibitions etc) dossier *nm* d'inscription; **please complete the enclosed booking**

form, veuillez compléter le dossier d'inscription ci-inclus

boom n (mktg, sales, fin), forte hausse nf; **we have seen a boom in sales**, nous avons assisté à une forte hausse des ventes

booming adj (mktg, sales, fin), en plein essor

boot vb **up** (comp), charger vb le programme

born 12 June 1972 (pers), né (-e) le 12 juin 1972

borrow vb, emprunter vb

borrowings npl (fin), emprunts nmpl

box n **1** (gen) boîte nf. **2** (on form), case nf; **tick** vb **the appropriate box**, cocher vb la case correspondante

brainstorming n, remue-méninges nm (recommended term)

brake vb, freiner vb

branch n **1** (part of retail chain) succursale nf. **2** (part of group of companies) branche nf

brand n, marque nf; **brand image** (mktg, sales), image nf de marque; **brand loyalty** (mktg, sales), fidélité nf à la marque; **brand name** (mktg, sales), marque nf

breach of an agreement (law), violation nf d'un accord; **to be in breach of an agreement** (law), être en violation nf d'un accord

breach of contract (law), rupture nf de contrat; **to be in breach of contract**, être en rupture de contrat

break vb (eg piece of equipment), casser vb

break vb **bulk** (t+d), dégrouper vb

breakdown n, panne nf

break vb **down**, tomber vb en panne

break vb **down figures 1** (gen) analyser vb des chiffres. **2** (accounts.) ventiler vb des chiffres

break vb **even** (fin), rentrer vb dans les frais, faire vb le point mort

break vb **in** (law), entrer vb par effraction

break vb **the law**, enfreindre vb la loi

BRI, Banque nf **des Règlements Internationaux**.

bridge vb (differences, gap between positions), établir vb un rapprochement (entre)

brief vb (... on/about), mettre vb ... au courant (de)

briefing session n **1** (general information) réunion nf d'information, 'briefing'. **2** (before meeting) réunion de préparation

bring vb, apporter vb

bring vb **out** (a new model), sortir vb (un nouveau modèle)

broadcast vb **1** (radio) radiodiffuser vb. **2** (TV) télédiffuser vb

broadcasting n **of an advertisement** (mktg, sales), diffusion nf d'une publicité

brochure n (mktg, sales) **1** brochure nf. **2** plaquette nf publicitaire

broken adj, cassé (-e) adj

broker n (fin), courtier nm

bros, brothers npl, frères, association nf de personnes

brown goods n (mktg, sales), les produits bruns

B/S, balance sheet (fin), bilan nm

B/S, bill of sale (fin, imp/exp), acte nm de vente

BS 5750 (British Standard), la norme britannique pour l'assurance qualité, ≈ la norme ISO 9000. See also la certification ISO 9001 accordée par l'Afaq, l'Association française d'assurance qualité

bt fwd, brought forward (fin), report nm

budget n (fin), budget nm

budget *vb* **for** (fin), 'budgétiser' *vb*; **we have budgeted for an increase in overheads**, nous avons budgétisé une augmentation des frais généraux

build *vb*, construire *vb*

building *n* 1 (accommodation.) bâtiment *nm*. 2 (activity) construction *nf*

building site *n* 1 terrain *nm* à bâtir (not yet built on). 2 chantier *nm* (being built on)

bulk *adj* (t+d), en grosse quantité; **bulk buying** (mktg, sales), achats *nmpl* en gros; **bulk carrier** (t+d) (sea), vraquier *nm*; **bulk storage** (comp), mémoire *nf* de masse

bull *n* (stock market), haussier *nm*

buoyant *adj* (mktg,sales), soutenu (-e) *adj*; **the market is buoyant**, le marché est soutenu

burglary *vb* (law), cambriolage *nm*

burgle *vb* 1 (break in) entrer *vb* par effraction. 2 (break in and steal) cambrioler *vb*

bus *n* (t+d), bus *nm*; **bus station**, gare *nf* routière

business *n*, affaires *nfpl*, 'les affaires'; **business address** adresse *nm* de bureau; **business trip**, voyage *nm* d'affaires; **business year** (fin), année *nf* financière; **to do business**, faire *vb* affaire; **businessman**, homme *nm* d'affaires; **businesswoman**, femme *nf* d'affaires

bust, go *vb* **bust** (fin) 1 (file for bankruptcy) déposer *vb* son bilan. 2 (business failure) faire *vb* faillite

busy *adj* 1 (telephone) occupé(-e) *adj* **the line is busy**, la ligne est occupée. 2 (of a person) occupé(-e) *adj*; **I have no spare time, I am very busy**, je n'ai pas de temps libre, je suis très occupé.

buy *vb*, acheter *vb*

buy *vb* **out**, racheter *vb*; **we bought out W's share in XYZ in 19..**, nous avons racheté la part de W dans la société XYZ en 19..

buyer *n* 1 (gen) acheteur *nm*. 2 (property) acquéreur *nm*. 3 (in charge of purchasing) responsable *nm* des achats

by-product *n*, sous-produit *nm* (recommended term)

C

C & F, cost and freight (imp/exp), coût *nm* et fret

CA, chartered accountant, expert *nm* comptable

cable *n* **I** câble *nm*; **cable TV** télévision *nf* par câble. **2** (electrical) raccord *nm*

CAC, currency adjustment charge (fin, imp/exp), surcharge *nf* monétaire

CAD, Computer Assisted Design (comp), conception *nf* assistée par ordinateur

CAD/CAM, Computer Assisted Design and Manufacture (comp), CFAO, conception *nf* et fabrication *nf* assistées par ordinateur

CAF, currency adjustment factor (fin, imp/exp), surcharge *nf* monétaire

calculate *vb* (fin), calculer *vb*

calculator *n* (offce), calculatrice *nf*

calendar *n* (offce), calendrier *nm*; **calendar year** *n*, année *nf* civile

call *n* **I** (telephone) appel *nm* (téléphonique). **2** (visit) visite *nf*

call *vb* **I** (gen) appeler *vb*; **call a committee meeting**, convoquer une réunion du comité. **2** (phone) téléphoner *vb*; **call back** (telephone), rappeler *vb*

call *vb* **at ...** (travel), s'arrêter *vb* à ...

call *vb* **for I** (a load) (t+d) venir *vb* chercher; **our driver will call for the load**, notre conducteur viendra chercher le chargement. **2** (a person) venir *vb* chercher; **I will call**

for you at your hotel, je viendrai vous chercher à votre hôtel. **3** (political change) réclamer *vb*; **call for changes**, réclamer des changements. **4** (union movements) faire *vb* appel à ...; **call for a strike**, faire appel à la grève

call *vb* **in a loan**, demander *vb* le remboursement d'un prêt

call *vb* **in the receiver** (fin), nommer *vb* un administrateur judiciaire

call *vb* **on I** (visit) rendre *vb* visite à. **2** (request support) faire *vb* appel à ...; **we shall call on the chamber of commerce to support the exhibition**, nous ferons appel à la chambre de commerce pour soutenir l'exposition

camera *n*, appareil *nm* photo

campaign *n*, campagne *nf*

campaign *vb*, faire *vb* une campagne

can *n* **I** (tin can) boîte *nf*. **2** (larger metal container) bidon *nm*

can *vb*, mettre *vb* en conserve

canal *n* (t+d), canal *nm*

cancel *vb*, annuler *vb*

cancellation *n* (of reservation), annulation *nf*

canvass *vb* (mktg, sales), prospecter *vb*

capacity *n* **I** (volume held) capacité *nf*; **production capacity**, capacité de production. **2** (potential) potentiel *nm*; **he has the capacity to ...**, il a le potentiel pour ...

capacity, in the capacity of, en qualité de; **he is acting in the capacity of**, il agit en qualité de ...

capital *n*, **I** capital *nm*; **capital assets**, capitaux *nmpl* fixes; **capital gains tax** (fin), impôt *nm* sur les plus-values; **capital goods** (fin), biens *nmpl* d'équipement; **capital intensive**, industrie *nf* du capital; **capital investment**, dépenses *nfpl* d'investissement. **capital outlay**

(fin), mise nf de fonds; **called-up capital** (fin), capital nm appelé. **2 capital** (letter) (forms), majuscule nf

captain n (t+d), capitaine nm

car n, voiture nf; **car hire**, location nf de voiture; **car parking**, parking nm

card index n (offce), fichier nm

cardboard box (imp/exp), boîte nf en carton

care n, soin nm; **with care**, avec soin; **take** vb **care of ...**, s'occuper vb de ...; **our agent will take care of the ...**, notre agent s'occupera de ...

career n (pers), carrière nf; **career objective** (pers) **1** objectif nm de carrière. **2** prétentions nf (includes salary required)

cargo n (t+d), cargaison nf; **cargo handler** (t+d), manutentionnaire nm

carphone n, téléphone nm de voiture

carriage n (t+d), port nm; **carriage forward** (imp/exp), (en) port nm dû; **carriage free** (t+d), franco de port; **carriage paid** (fin), port nm payé; **carriage paid to ...** (imp/exp), port nm payé jusqu'à ...

carried forward (accounts), report nm à nouveau

carrier n (t+d), transporteur nm

carrousel n (slide projector), carrousel nm

carry vb (on vehicle) transporter vb; (with your hands) porter vb; **carry a stock of ...** (mktg, sales), avoir un stock de ...; **carry** vb **forward** (to) (fin), reporter vb (sur); **carry** vb **out** (a survey), effectuer vb (un sondage), (a project), mener vb à bien (un projet), (instructions), exécuter vb des instructions

carton n (imp/exp), boîte nf en carton

case n **1** (gen) cas nm; **case study**, étude nf de cas. **2** (crime, problem)

affaire nf; **the case of the stolen lorry**, l'affaire du camion volé. **3** (suitcase) valise nf

cash n (notes and coins), espèces nfpl; **I have 220 Francs in cash**, j'ai 220 Francs en espèces; **cash and carry** (mktg, sales), payer-prendre nm (recommended term); **cash cow** (fin), vache nf à lait; **cash desk**, caisse nf; **pay at the cash desk**, régler à la caisse; **cash discount** (mktg, sales), escompte nm de caisse; **cash dispenser** (bank), distributeur nm automatique de billets (de banque), billeterie nf; **in cash** (fin), en espèces, en liquide; **cash with order** (mktg, sales), règlement à la commande; **pay** vb **cash 1** (at time of purchase) payer vb comptant. **2** (in notes/coins) règler vb en espèces; **cash receipts** (accounts), rentrées nfpl (nettes) de trésorerie

cash vb (in) (fin), encaisser vb

cashflow n (pre-tax) (fin), marge nf brute d'autofinancement; **cashflow problems** (fin), problèmes nmpl de trésorerie; **cash flow projection** (fin), autofinancement nm prévisionnel

cashier n (fin), caissier (ière) nm/f

cast vb, mouler vb

casting n, moulage nm

catalogue n (mktg, sales), catalogue nm

catch a train/plane, prendre vb un train/avion

catch vb **up** (with), rattraper vb

cater vb **for** (take into account), prendre vb en compte; **the plan caters for disabled persons**, le projet prend en compte les handicapés

caterer n, traiteur nm

cause n, cause nf, raison nf

cause vb, provoquer vb

CBD, cash before delivery (mktg,

sales), paiement *nm* avant livraison

CBI, Confederation of British Industry, ≈ CNPF, Confédération *nf* Nationale du Patronat Français

cc, charges collect (imp/exp), frais *nmpl* dûs

cc, cubic centimetre, centimètre *nm* cube

CCTV, closed circuit television, télévision *nf* en circuit fermé

cease *vb*, cesser *vb*; **it has been necessary to cease production**, il a été nécessaire de cesser la fabrication; **cease trading**, se retirer *vb* des affaires

ceiling *n* (maximum), plafond *nm*; **go through the ceiling**, crever *vb* le plafond

cellotape *n* (offce), scotch *nm*

central *adj*, central (-e) *adj*

centralise *vb*, centraliser *vb*

CEO, Chief Executive Officer, Président (-e) *nm* Directeur *nm* Général

certificate *n* certificat *nm*; **certificate of origin** (imp/exp), certificat *nm* d'origine

certification *n*, homologation *nf*

certified *adj*, certifié (-e) *adj*; **certified copy**, copie *nf* certifiée conforme

certify *vb*, certifier *vb*

CF, cost and freight (imp/exp), C et F, coût et fret (recommended term)

cf, carried forward (fin), reporté (-e) *adj*

CR, current rate (fin), taux *nm* en vigueur

cge pd, carriage paid (mktg, sales), port *nm* payé

chain *n*, chaîne *nf*; **chain store** (mktg, sales), magasin *nm* à succursales multiples

chair *vb* (a meeting), présider *vb* (une réunion)

chairman *n*, président *nm* présidente *nf*

chalk *n* (mktg, sales), craie *nf*

challenge *n*, défi *nm*, 'challenge' *nm*

challenging *adj* job, poste *nm* à défis

chamber (of commerce), chambre *nf* (de commerce)

change *n*, monnaie *nf*; **have you got change for 50F?**, avez-vous de la monnaie sur 50F?

change *vb* **1** (exchange) échanger *vb* (contre). **2** (trains) prendre *vb* une correspondance. **3** (money) (fin) changer *vb*. **4** (part of plan or arrangement) modifier *vb*

channel *n* **1** (gen) canal *nm*. **2** (radio) voie *nf*. **3** (mktg, sales) débouché *nm*

channel *vb* **1** canaliser *vb*, diriger *vb*; **channel the ... towards ...**, diriger le ... vers ...

character *n* **1** (references, morals) réputation *nf*; **of good character**, de bonne réputation. **2** (personality) personnalité *nf*; **a pleasant personality**, une personnalité agréable. **3** (comp) caractère *nm*

charge *n* **1** (cost) prix *nm*. **2** (law, supposed crime) chef *nm* d'accusation

charge card *n*, carte *nf* de crédit

charge *vb* **for**, faire *vb* payer; **we will have to charge you for ...**, nous devrons vous faire payer ...

charge *vb* **somebody** (with a crime), inculper *vb* quelqu'un (d'un crime)

charges *npl* (fin), commissions *nfpl*; **charges payable** (fin), charges *nfpl* à payer

chart *n* (offce), tableau *nm*

charter *n* (t+d), affrètement *nm*; **time charter**, affrètement à temps

charter *vb* (t+d), affréter *vb*

charter-party (t+d), charte-partie *nf*

Chartered Accountant (fin), expert *nm* comptable

chartered flight *n*, vol *nm* 'charter'

chartering (t+d), affrètement *nm*

cheap *adj* 1 (cost) bon marché. 2 (quality) de mauvaise qualité

check *vb* 1 (monitor regularly) contrôler *vb*. 2 (make sure) vérifier *vb*. 3 (stop) arrêter; **check inflation**, juguler *vb* l'inflation

check *vb* **in**, enregistrer *vb* ses bagages; **check-in desk**, comptoir *nm* d'enregistrement

checklist *n*, liste *nf* de contrôle

check *vb* **out**, quitter *vb* l'hôtel

chemicals *npl*, produits *nmpl* chimiques

chemist *n*, chimiste *nm*

cheque *n* (fin), chèque *nm* ; **crossed cheque**, chèque *nm* barré

chequebook *n,* chéquier *nm*

children *npl* (forms, cv), enfants *nmpl*, nombre d'enfants

choose *vb*, choisir *vb*

chq, cheque *n* (fin), chèque *nm*

CIA, cash in advance (mktg, sales), paiement *nm* d'avance

CIF, cost, insurance, freight (imp/exp), CAF, coût, assurance, fret

CIF & E, cost, insurance, freight and exchange variations/ bankers' charges (imp/exp), coût, assurance, fret et fluctuations de change/commissions *nf* bancaires

CIP, carriage, freight and insurance paid to ... (imp/exp), fret *nm* payé assurance comprise jusqu'à ..., port *nm* payé assurance comprise jusqu'à ...

circle *vb* (forms etc), entourer *vb*

circuit *n*, circuit *nm*

circulate *vb* (a document), faire *vb* circuler

circulation *n* (of newspaper) 1 (distribution) diffusion *nf*. 2 (print run) tirage *nm* d'un journal; **large circulation**, fort tirage

circumstances *npl*, circonstances *nfpl*

claim *n* (ins), demande *nf* d'indemnisation

claim *vb* 1 (a fact) soutenir *vb* que. 2 (a right) réclamer *vb*; **the union is claiming a wage increase**, le syndicat réclame une augmentation de salaire. 3 (ins) (damages) faire *vb* une demande d'indemnisation. 4 (responsibility for an act) revendiquer *vb*. 5 (better rights or conditions) revendiquer *vb*

claims department (ins), service *nm* des sinistres

clause *n*, clause *nf*

clean *adj*, propre; **clean bill of lading** (imp/exp), connaissement *nm* non clausé

clear *adj*, **a clear increase/ decrease** (trends), une nette augmentation/baisse

clear *vb*, **customs** (imp/exp), dédouaner *vb*; **cleared customs** (imp/exp), dédouané (-e); **clear stocks** (mktg, sales), liquider *vb* des stocks

clearance *n* (imp/exp), dédouanement *nm*; **clearance sale** (mktg, sales), liquidation *nf* du stock

clerical assistant *n* (offce), employé(e) *m/f* de bureau

client *n*, client (-e) *nm/f*; **client database** (mktg, sales), fichier *nm* clients

climb *vb*, monter *vb*

clip *vb* **the coupon** (mktg, sales), découper *vb* le bon

clock *n* (offce), horloge *nf*

clone *n* (comp), clone *nm*

close vb, fermer vb

close vb **down** 1 (computer) éteindre vb. **2** (a company) fermer vb (une société)

closing date 1 date nf limite. **2** (registration, booking) date de clôture des inscriptions

C/N, credit note (mktg, sales), facture nf d'avoir

C/O, care of ...(t+d), aux bons soins de ...

Co, company, société nf, compagnie nf

coach n (t+d), car nm; **coach station** n, gare nf routière

COD, cash on delivery (mktg, sales), envoi nm contre remboursement, règlement nm à la livraison

code n 1 (of practice) déontologie nf. **2** (software, security) code nm

code vb (encode), coder vb, attribuer vb un code à ...

coin n, pièce nf (de monnaie)

cold calling (mktg, sales) 1 (going to see possible customers) prospection nf. **2** (telephoning possible customers) faire vb des appels à froid

cold storage (t+d), entrepôt nm frigorifique

collapse vb (eg sales), s'effondrer vb; **the price of 16 bit microchips has collapsed**, le prix des microprocesseurs 16 bits s'est effondré

collateral n (fin), nantissement nm

collect vb 1 (hobby) collectionner vb. **2** (pick up load) enlever vb (une charge)

collection n (of load), enlèvement nm

column n (of figures), colonne nf (de chiffres)

columns pl (of bar chart), barres nfpl, 'tuyaux d'orgue' nmpl

come vb **out**, sortir vb; **the new model will come out next month**, le nouveau modèle sortira le mois prochain

command n (comp), commande nf

comment vb (on), commenter vb

commercial n 1 (TV ad) spot nm publicitaire. **2** (gen) message nm publicitaire (recommended term)

commission n (sales, fin), commission nf; **charge commission** (on), prélever une commission (sur)

commodities n (fin), produits nmpl de base

communicate vb, communiquer vb

communication n, communication nf; **corporate communication** (pers), communication de la société

compact disc n, disque nm audionumérique (recommended term), disque compact (recommended term)

company n (Plc, Ltd etc), société nf; **company accommodation** (pers), logement nf de fonction; **company car**, voiture nf de fonction; **company secretary**, secrétaire nm général

comparative adj, comparé (-e) adj

compare vb (with), comparer vb (à); **compared with**, comparé à, par rapport à

comparison n (gen, fin), comparaison nf; **in comparison with ...**, en comparaison de ...

compensate vb (gen, ins), indemniser vb; **we would like to compensate you for ...**, nous voudrions vous indemniser de ...

compensation n (law), indemnisation nf; dédommagement nm

competition n (mktg, sales), concurrence nf

competitive adj 1 (gen) compétitif (-ve) adj. **2** (mktg, sales) concurrentiel (-le) adj; **competitive price**, prix concurrentiel

competitor n, concurrent nm

complain vb, faire vb une réclamation

complaint n 1 (gen, mktg, sales), réclamation nf; **make a complaint**, faire une réclamation. 2 (law) plainte nf; **lodge a complaint**, porter plainte

complete adj, complet (-ète) adj; **a complete set of documents**, un jeu complet de documents

complete vb 1 (a document) compléter vb (un document). 2 (manufacturing process) finir vb. 3 (job) terminer vb

complimentary ticket, billet nm à titre gracieux

comply vb **with** ... (law), se conformer vb à ...

component n, composant nm

composed of ..., constitué (-e) de ...

comprehensive insurance (ins), assurance nf tous risques, assurance multirisques (recommended term)

compromise n, compromis nm

computer n (comp), ordinateur nm; **computer manager** (pers), directeur nm informatique; **computer operator**, opérateur (-trice) nm/f (d'ordinateur)

computing n, informatique nf

concessionaire n, concessionnaire nm/f

conditions of sale, conditions nf de vente

conduct vb (a survey), effectuer vb (un sondage)

conference n, congrès nm, conférence f; **conference hall**, salle nf de conférence

confidence n, confiance nf; **have confidence in ...**, avoir confiance en ...

confidential adj, confidentiel (-elle); **confidential document**, document nm confidentiel

confirm vb, confirmer vb

confiscate vb (law), confisquer vb

congratulate vb, féliciter vb

congratulations npl, félicitations nfpl

connect vb (comp), relier vb

connection n (travel), correspondance nf; **catch a connection**, prendre une correspondance

consider vb 1 (reflect) réfléchir vb sur. 2 (take into account) prendre vb en compte

considerably higher/lower than ... (gen, fin), nettement plus élevé/plus bas que ...

considerably more/less than ... (gen, fin), nettement plus/moins que ...

consignee n (imp/exp), destinataire nm

consignment n (t+d) 1 (gen) envoi nm. 2 (one of series of shipments) lot nm

consignor n (t+d), expéditeur nm

construction industry n, bâtiment nm

consular invoice n (imp/exp), facture nf consulaire

consultancy n, conseil nm, consultant nm; **on a consultancy basis**, en qualité de consultant

consultant, conseil nm; **a firm of consultants**, un cabinet nm conseil

consumer goods, biens nmpl de consommation

consumers npl (fin), consommateurs nmpl

consumption n (fin), consommation nf

cont, to be continued, à suivre

contact vb 1 contacter vb; **please contact me on this number**, veuillez me contacter au numéro suivant. 2 prendre vb contact (avec); **contact our office**, prenez contact avec notre bureau

container n (mktg, sales), conteneur nm; **container lorry** (t+d), camion nm porte-conteneurs; **container ship** (t+d), cargo nm porte-conteneurs; **sealed container** (imp/exp), conteneur nm scellé; **containerised**, (t+d), containeurisé (-e)

continuous adj, continu (-e) adj; **continuous production**, production nf à la chaîne; **continuous stationery** n, papier nm continu

contract n, contrat nm; **fixed term contract**, contrat à durée déterminée; **contract of employment** (pers), contrat nm d'emploi

contract vb **work out**, sous-traiter vb; **the company intends to contract out assembly work**, la société a l'intention de sous-traiter le travail de montage

contracted adj, contracté (-e) adj

contractor n, entrepreneur nm

contravene vb (law), enfreindre vb

control vb, contrôler vb

convenient adj, (easy to use), commode adj; **to be convenient**, convenir vb; **when would it be convenient?**, quand cela vous conviendrait-il?

cooling off period (law), période nf de réflexion, délai nm de réflexion

copy n **1** (of book, magazine) exemplaire nm. **2** (photocopy, carbon copy) copie nf. **3** (journal or newspaper) numéro nm (d'un journal). **4** (advertising, mktg, sales), publicité nf rédactionnelle

copy vb (file /document), copier vb; **copy something to ...**, envoyer vb un exemplaire de quelque chose à ...

copyright vb (law), obtenir vb les droits exclusifs (sur)

copywriter n (mktg,sales), rédacteur nm publicitaire

cordless telephone n (telecommunications), poste nf téléphonique sans cordon (recommended term)

corporate identity (mktg, sales), identité nf de l'entreprise

corporate strategy, stratégie nf de la société

corporation tax (fin), ≈ impôt nm sur les sociétés

correspond vb **to 1** (equivalent to) corrrespondre vb à. **2** (meet legal requirement) être vb conforme à

COS, cash on shipment (imp/exp), règlement nm à l'expédition

cost n **1** (gen) coût nm; **cost of living index** (fin), indice nm du coût de la vie. **2** (recurring expenses) frais nmpl. **3** (cost price) prix nm de revient. **cost effective** (mktg, sales), rentable; **cost savings**, économies nfpl; **achieve cost savings**, faire vb des économies

cost vb **1** (calculate expenditure) évaluer vb le coût; **the project has been costed at £200,000**, le coût du projet a été évalué à £200,000. **2** (price) coûter vb

costly adj, cher (-ère) adj

counsel n **for the defence** (law), défenseur nm, avocat nm de la défense

count vb, compter; **count on**, compter vb sur

counter n **1** (shop) comptoir nm. **2** (bank, post office) guichet nm

countersign vb, contresigner vb

countertrade n (imp/exp), accord nm de compensation

country n **1** (eg France, Germany) pays nm; **country of origin** (imp/exp), pays nm d'origine. **2** (out of town) campagne nf

coupon n (mktg, sales) **1** coupon nm. **2** bon nm d'échange (recommended term)

couponing n (mktg, sales), couponnage *nm* (recommended term)

course *n* **1** (restaurant) plat *nm*. **2** (education) cours *nm* (eg a lecture), cursus *nm* (series of lectures, programme of studies); **a course in ...**, un cours de ...

court *n* (law), tribunal *nm*

cover *n* (fin, ins), couverture *nf*; **cover note** (ins), note *nf* de couverture; **issue** *vb* **a cover note**, délivrer *vb* une note de couverture

cover *vb*, couvrir *vb*

covered, to be covered for ... risks (ins), des risques de ... sont couverts

CP, carriage paid (mktg, sales), port *nm* payé.

CP, charter-party (imp/exp), charte *nf* partie

CPT, cost per thousand (mktg, sales), coût *nm* au 1000.

CPU, Central Processing Unit (comp), unité *nf* centrale de traitement

Cr, credit, creditor (fin), crédit *nm*, créancier *nm*

craft *n* **1** (trade) métier *nm*. **2** (traditional hand crafts) artisanat *nm*

crane *n* (t+d), grue *nf*

crash *vb* **1** (comp) crasher *vb* **2** (eg car crash) avoir *vb* un accident; **our lorry has had a crash**, notre camion a eu un accident

crate *n* (imp/exp), caisse *nf* à claire-voies

create *vb* **1** (gen) créer *vb*. **2** (company) fonder *vb*; **the company was created in 1991**, la société a été fondée en 1991

creation *n* **1** (company) fondation *nf*. **2** (artistic, fashion) création *nf*

credit *n* (fin), crédit *nm*; **credit advice** (imp/exp), avis *nm* de crédit; **credit balance** (fin), solde *nm* créditeur; **credit card** (fin), carte *nf* de crédit; **credit note** (fin), facture *nf* d'avoir; **credit rating** (fin), solvabilité *nf*, réputation *nf* de solvabilité; **credit terms** (mktg, sales), conditions *nfpl* de crédit; **to be in credit**, être *vb* créditeur; **on credit** (fin), à crédit

credit *vb* (fin), créditer *vb*

creditor *n* (fin), créancier *nm*

creditors *n* (balance sheet), créances *nfpl*

credit transfer *n* **1** (fin, gen) virement *nm* de crédit. **2** (bank to bank) virement *nm* bancaire

crew *n*, équipage *nm*

crime *n* (law) **1** (minor) délit *nm*. **2** (serious) crime *nf*

crisis *n*, crise *nf*; **go through a crisis**, traverser *vb* une crise; **be in a crisis**, connaître *vb* une crise

critical path analysis, CPA, analyse *nm* du chemin critique; **carry out a CPA**, effectuer *vb* une analyse du chemin critique

criticise *vb*, critiquer *vb*

cross *vb* **1** (place cross in documents) mettre *vb* une croix. **2** (travel across a country) traverser *vb*. **3** (a road) traverser *vb*. **4** (a frontier) franchir *vb*. **5** (a cheque) barrer *vb*

cross *vb* **out**, barrer; **please cross out the parts which do not apply**, veuillez barrer les mentions inutiles

crossroads *n*, carrefour *nm*

CT, combined transport (imp/exp), TC, transport *nm* combiné

CTC, combined transport document (imp/exp), DTC, document *nm* de transport combiné

CTO, combined transport operator, (imp/exp), ETC, entrepreneur *nm* de transport combiné

cu ft, cubic foot, pied *nm* cube, pied *nm* cubique (mesure)

cupboard *n* (offce), placard *nm*

curr, currt, current (fin), du mois en cours

currency *n,* devises *nfpl*; **currency dealer** (fin) cambiste *nm*; **foreign currency** (fin), devises *nfpl* étrangères;

current *adj* **1** (current period) courant (-e) *adj*; **current account** (fin), compte *nm* courant. **2** (now) actuel (-le) *adj*. **3** (fin) circulant *adj*; **current assets** *npl* (fin), ≈ actif *nm* circulant, actif disponible, actif réalisable; **current liabilities** dettes *nfpl* à court terme; **current ratio** (fin), ratio *nm* de liquidité générale; **current value** (ins), valeur *nf* vénale

currently *adv*, actuellement *adv*

curve *n* (gen, fin), courbe *nf*

customer *n*, client *nm*; **customer loyalty** (mktg, sales), fidélité *nf* client; **customer services** *npl* (offce), services *nmpl* clientèles

customised *adj* **1** (appearance of product) personnalisé (-e) *adj*. **2** (made to special requirements) fait (-e) *adj* sur commande, fait (-e) *adj* sur mesure

customs clearance (imp/exp), dédouanement *nm*

customs officer (gen, imp/exp), douanier *nm*

cut *n* **1** (reduction) réduction *nf*. **2** (stop electricity etc), coupure *nf*

cut *vb* **1** (prices, costs, production), réduire *vb*. **2** (gen, comp) couper *vb*; **cut and paste commands**, des commandes couper et coller

cutback *n*, réduction *nf*; **a cutback in production**, une réduction de la production

cut-off date *n* (fin), date *nf* butoir (recommended term)

cut *vb* **out**, supprimer *vb*

CV, curriculum vitae, CV, curricu-

lum vitae

CWE, cleared without examination (imp/exp), dédouané (-e) *adj* sans inspection préalable

CWO, cwo, cash with order (mktg/sales), règlement *nm* à la commande

cwt, hundredweight, mesure de poids = 50,7 kg

cycle *n,* cycle *nm*

cyclical *adj*, cyclique *adj*

D

DA, deposit account (fin), compte *nm* de dépôt

D/A, documents against acceptance (imp/exp), documents *nmpl* contre acceptation

DAF, delivered at frontier (imp/exp), rendu frontière

daily *adj*, quotidien (-ne) *adj*; **daily newspaper** quotidien *nm*

dairy products, produits *nmpl* laitiers

damage *n* **1** (gen) dégâts *nmpl*. **2** (ins) avarie *nf*

damaged *adj*, endommagé (-e) *adj*

damages *n* (law), dommages *nmpl* et intérêts

damp *adj* (eg buildings), humide *adj*

damp *n*, humidité *nf*; **the goods have been spoilt by damp**, les marchandises ont souffert de l'humidité; **damp-proof**, à l'épreuve de l'humidité; **damp-proof packing**, emballage à l'épreuve de l'humidité

danger *n* **1** (gen) danger *nm*. **2** (risk of) risque *nm*; **there is a danger of contamination**, il y a risque de contamination

dangerous *adj*, dangereux (-se) *adj*

data *n* (comp), données *nfpl*; **data capture** (comp), saisie *nf* de données; **data processing** (pers), traitement *nm* de données; **data protection** (law), protection *nf* des données; **data transmission** (comp), transmission *nf* de données

database *n*, base *nf* de données;

database software (comp), logiciel *nm* de base de données

date *n*, date *nf*; **date of birth**, date de naissance; **to be** *vb* **up to date 1** (with a job) être *vb* à jour. **2** (have the latest information) être *vb* au courant (de)

date *vb* (eg a document), dater *vb*; **date stamp** *vb* (office), ≈ dater *vb*

day *n* **1** (in week) jour *nm*; **the first day of the month**, le premier jour du mois; **day book** (accounts), journal *nm*; **day return ticket**, billet d'aller et retour valable pour un jour; **the day-to-day management of ...**, la gestion quotidienne de ... **2** (length of time) journée *nf*; **a day of meetings**, une journée de réunions

days, at ... days after sight (fin), à ... jours de vue

DC, direct current, courant *nm* direct

DCP, freight/ carriage paid to (imp/exp), rendu (-e) frontière

dd, d/d, del'd, delivered (imp/exp, t+d), rendu (-e), livré (-e)

DDP, delivered duty paid (imp/exp), rendu (-e) droits acquittés

dead *adj*, mort (-e) *adj*

deadline *n*, date *nf* limite; **deadline for delivery**, date limite pour la livraison; **meet a deadline**, respecter un délai

deal *n*, marché *nm*; **it's a deal**, marché conclu

deal *vb* **in ...**, être *vb* dans ... (le commerce de ...)

deal *vb* **with 1** (a report) traiter *vb* de; **the report deals with ...**, le rapport traite de ... **2** (a customer) s'occuper *vb* de. **3** (negotiate) négocier *vb* avec

dealer *n* (mktg, sales) **1** (gen) revendeur *nm*. **2** (exclusive) concessionnaire *nm/f*

Dear Mr Smith (correspondence), Cher Monsieur; **Yours sincerely**, Je vous prie d'agréer, Monsieur/Madame, mes meilleurs sentiments; **Dear Sir**, Monsieur, **Yours faithfully**, Je vous prie d'agréer, Monsieur/Madame, mes salutations distinguées

debate n, débat nm

debate vb, discuter de vb, débattre vb

debit n, débit nm

debit vb, débiter vb; **debit an account** (fin), débiter un compte

debt n, dette nf

debug vb 1 (sort out problems in plan) mettre vb au point. 2 (comp) déboguer vb (recommended term)

decide vb , décider vb; **to decide on the best solution**, décider de la meilleure solution

decision n, décision nf

deck n, pont nm; **deck cargo** (t+d), cargaison nf en pontée

declaration n, déclaration nf

declare vb (a result), annoncer vb (un résultat)

decline n, déclin nm

decline vb 1 (say no) refuser vb. 2 (get worse) décliner vb

decrease n 1 (gen) diminution nf. 2 (in a rate) décroissance nf. 3 (in value) baisse nf (de valeur)

decrease vb , baisser vb, diminuer vb

dedicated software, logiciel nm spécialisé

deduct vb, déduire vb; **please deduct the cost of ... from ...**, veuillez déduire le coût de ... de ...

deductible adj (from), déductible adj (de)

deduction n (fin), retenue nf

deed n (law), acte nm; **draw up a deed**, rédiger un acte

defect n 1 (gen) vice nm; **hidden defect**, vice caché. 2 (manufacturing defect) défaut nm (de fabrication)

defective adj, défectueux (-se) adj

defend vb (against), (law) défendre vb (contre)

defence n (gen, law) défense nf

defer vb, différer vb; **defer payment**, différer vb un paiement

deferred adj, différé (-e) adj

definite adj, **to be definite about**, être net (-te) adj sur

definitely adv, certainement adv

delay n, retard nm

delay vb, retarder vb

delayed adj, en retard

delete vb 1 (cross out) rayer vb, barrer vb. 2 (comp) effacer vb

deliver vb (t+d), livrer vb

delivered adj (imp/exp), rendu (-e) adj; **delivered at frontier** (imp/exp), rendu (-e) frontière

delivery n (t+d), livraison nf; **delivery deadline**, délai nm de livraison; **delivery note** (imp/exp), feuille nf de livraison

demand n, demande nf

demand vb, exiger vb

demanding adj, exigeant (-e) adj

demonstrate vb 1 (mktg, sales) faire vb une démonstration (de). 2 (against) manifester vb (contre). 3 (prove) démontrer vb (que)

demonstration n (mktg, sales), démonstration nf

demurrage n (t+d), surestaries nfpl

denationalize vb, dénationaliser vb

denial n, démenti nm

deny vb **responsibility**, décliner vb toute responsabilité

depart vb (t+d) 1 (gen) partir vb. 2

(ships) appareiller *vb*

department *n* 1 (gen) département *nm*. 2 (shops) rayon *nm* **department store** (mktg, sales), grand magasin *nm*, magasin *nm* à rayons multiples. 3 (company) service *nm*.

departmental manager (pers), directeur *nm* de service

departure *n*, départ *nm*

depend *vb* **on**, dépendre *vb* de

deposit *n* 1 (part payment in advance) arrhes *nfpl*; **pay somebody a deposit**, verser des arrhes à quelqu'un. 2 (law) dédit *nm*. 3 (security, guarantee) caution *nf*

deposit *vb* (fin), déposer *vb*

depreciation *n* (accounts), amortissement *nm*

deputy manager (pers), directeur *nm* adjoint

description *n*, description *nf*; **description of goods** (imp/exp), référence *nf* et désignation *nf* des articles

design *n* 1 (activity) conception *nf*. 2 (appearance) 'design' *nm*. 3 (type) modèle *nm*; **one of our new designs**, un de nos nouveaux modèles

design *vb*, concevoir *vb*, 'dessiner' *vb*

designed for, conçu (-e) pour

designer *n* 1 (original idea) concepteur (-trice) *nm/f*, créateur (-trice) *nm/f*. 2 (visual appearance) dessinateur *nm*, graphiste *nm*

desk *n* (offce), bureau *nm*

desk top publishing (comp), publication *nf* assistée par ordinateur, micro-édition *nf*

despatch *vb* (imp/exp), expédier *vb*

detached house *n*, maison *nf* particulière

detail *n*, détail *nm*

detailed *adj*, détaillé (-e) *adj*

details *npl* (name and address), coordonnées *nfpl*; **customer details** (mktg, sales), coordonnées du client; **details of ...**, des/les renseignements *nmpl* sur ...

develop *vb*, développer *vb*

development area *n*, région *nf* à développement

deviation *nf* 1 (target) écart *nm*. 2 (gen) déviation *nf*

device *n*, dispositif *nm*

dial *vb*, composer *vb*; **dial a number**, composer un numéro

diary *n* (gen, offce), agenda *nm* (de bureau); (loose leaf) agenda *nm* éphéméride

dictate *vb* (offce), dicter *vb*

dictation machine *n* (offce), dictaphone *nm*

diesel engine *n*, moteur *nm* diesel

diesel oil, gasoil *nm*, gazole (recommended term)

difference *n*, différence *nf*; **the difference between ... and ...**, la différence entre ... et ...

digital *adj* (comp), numérique *adj*

digitised *adj*, (comp), numérisé (-e) *adj*

dimensions *npl* (imp/exp), dimensions *nfpl*; **the dimensions of the load are 5 by 6**, les dimensions du chargement sont de 5 sur 6

direct *adj*, direct (-e) *adj*; **direct debit** (fin), prélèvement *nm* automatique; **direct line** (offce), ligne *nf* directe; **direct marketing** (mktg, sales), marketing *nm* direct; **direct sales** (mktg, sales), vente *nf* directe

directions for use, mode *nf* d'emploi

director *n* (pers), directeur (-trice) *nm/f*; **director of communication**, directeur (-trice) *nm/f* de la communication; **director of marketing**, directeur (-trice) *nm/f* de marketing; **director's secretary**, secrétaire *m/f* de direction

directorate *n* (of company), direction *nf*

disadvantage *n* (drawback), inconvénient *nm*

disagree *vb* **with**, ne pas être *vb* d'accord avec; **we disagree with your analysis**, nous ne sommes pas d'accord avec votre analyse

disc *n* (comp), disque *nm*; **disc drive** (comp), unité *nf* d'entraînement du disque, 'lecteur *nm* de disques'

discharge *vb* (t+d), décharger *vb*

discontinue *vb* **production**, cesser *vb* la fabrication (de)

discount *n* (fin), escompte *nm*, remise *nf*, ristourne *nf* (recommended term); **give** *vb* **a discount**, consentir *vb* une remise

discounted *adj* (fin), escompté (-e) *adj*

discovery *n*, découverte *nf*

discrepancy *n*, divergence *nf*

discuss *vb*, discuter *vb* de

discussion *n*, discussion *nf*

dishonour *vb* **a bill**, ne pas accepter *vb* une traite

disk *n*, disque *nm*

dismiss *vb*, mettre *vb* à la porte

dispatch *vb*, envoyer *vb*

display *vb* **1** (product) (mktg, sales) exposer *vb*. **2** (comp, eg on screen) afficher *vb*

distribute *vb*, distribuer *vb*

distribution *n* (mktg, sales), distribution *nf*; **distribution network** (mktg, sales), réseau *nm* de distribution; **distribution problems**, problèmes *nmpl* de distribution

distributor *n* (mktg, sales, t+d), distributeur *nm*

diversify *vb*, diversifier *vb*

divide *vb* **1** (into) diviser *vb* (en). **2** (between) partager *vb* entre

dividend *n* (fin), dividende *nm*

division *n*, division *nf*

DIY (mktg, sales), bricolage *nm*

do *vb* **business with ...**, faire *vb* des affaires avec ...

dock *vb* (t+d), entrer *vb* au bassin, accoster *vb* (recommended term)

dock warrant (imp/exp), warrant *nm*

dockyard *n*, chantier *nm* naval

document *n* (offce), document *nm*

domestic *adj* **1** (within a country) intérieur (-e) *adj*, national (-e) *adj*. **2** (household) ménager (-ère) *adj*; **domestic appliance** *n*, appareil *nm* ménager

dominant *adj* (market position), dominant (-e) *adj*

dominate *vb* **the market**, dominer *vb* le marché

door-to-door sales, démarchage *nm* de porte à porte

door-to-door salesman, démarcheur *nm*, vendeur *nm* à domicile

double *vb*, doubler *vb*

down, to be down (fin, results), être *vb* en baisse

download *vb* (comp), télécharger *vb*

downsizing *n* (pers), 'dégraissage' *nm*

downtime *n*, temps *nm* d'arrêt

downturn *n* (fin, mktg, sales), repli *nm*

downturn *vb* (fin), s'orienter *vb* à la baisse

downward trend (gen, fin), tendance *nf* à la baisse

dozen *n*, douzaine *nf*; **a dozen bottles**, une douzaine de bouteilles; **by the dozen**, à la douzaine

DP manager *n* (comp), directeur

(-trice) *nm/f* informatique

D/P, documents against payment, (imp/exp), documents *nmpl* contre paiement

Dr to, draw to ... (fin), à l'ordre de ...

Dr, debtor (fin), débiteur *nm*, débit *nm*

draft *n* 1 (letters, reports) brouillon *nm*. 2 (fin) traite *nf*. 3 (plans) avant-projet *nm*

draft *vb* (report, letter) 1 (make first attempt) faire *vb* un brouillon (de). 2 (write) rédiger *vb*

draft contract *n*, projet *nm* de contrat

draw, prize draw, tirage *nm* au sort

draw *vb* up a document (law), établir *vb* un document

drawback *n* 1 (disadvantage) inconvénient *nm*. 2 (imp/exp) drawback *nm*

drawee *n*, tiré *nm*

drawer *n* 1 (offce) tiroir *nm*. 2 (fin) tireur *nm*

drill *vb* , percer *vb*

drink *n*, boisson *nf*; **soft drinks**, boissons non alcoolisées

drive *n* 1 (campaign) campagne *nf*. 2 (in vehicle) promenade *nf* (en voiture). 3 (distance to travel) trajet *nm*. 4 (personality) énergie *nf*; **plenty of drive**, beaucoup d'énergie. 5 (propulsion) entraînement *nm*; **belt drive**, entraînement par courroie

drive *vb* (a car), conduire *vb* (une voiture)

driver *n* 1 automobiliste *nm*. 2 conducteur *nm*

driving licence *n*, permis *nm* de conduire

drop *vb* 1 (fall to lower level) tomber *vb*. 2 (very fast) chuter *vb*

drum *n* (imp/exp), fût *nm*

dry *adj*, sec (-èche) *adj*; **dry marker** (mktg, sales), marqueur *nm* pour effaçage à sec

DTI, Department of Trade and Industry, ≈ ministère *nm* du commerce et de l'industrie

DTP centre (comp), centre *nm* de calcul

DTP, desk top publishing, (comp), publication *nf* assistée par ordinateur; **DTP software** (comp), logiciel *nm* de PAO, (publication assistée par ordinateur)

due *adj* 1 (fin) exigible *adj*. 2 dû (-e) *adj*. **due date** (fin), échéance *nf*

dump *vb* (sell at loss), vendre *vb* à perte

duplicate *n* (second copy), double *nm*; **in duplicate**, en double exemplaire

duplicate *vb* (offce), faire *vb* un double de, copier *vb*

durable *adj*, résistant (e) *adj*

durables *npl*, biens *nmpl* durables, biens *nmpl* de consommation durables

duration *n*, durée *nf*

duty *n* (customs), droit *nm*; **duty paid** (imp/exp), dédouané (-e)

D/W, dock warrant (imp/exp), certificat *nm* d'entrepôt, bulletin *nm* de dépôt, warrant *nm*

E

E+OE, errors and omissions excepted, sauf erreur ou omission

early *adv* **1** (in the day) de bonne heure. **2** (quick) **early delivery**, livraison *nf* rapide; **early reply**, réponse *nf* rapide. **3** (before time) anticipé(-e) **early retirement**, retraite *nf* anticipée

earn *vb*, gagner *vb*

earnings per share, bénéfice *nf* par action

ease *vb* **1** (make easier) faciliter *vb*. **2** (drop in rates, prices) baisser *vb*; **rates have eased**, les taux ont baissé

easy *adj* (not difficult), facile *adj*

ECGD, Export Credit Guarantee Department, ≈ COFACE, Compagnie *nf* Française d'Assurance pour le Commerce Extérieur

economic *adj*, économique *adj*

economical *adj* **1** (saves money) économique *adj*. **2** (profitable) rentable *adj*. **3** (person who spends little) économe *adj*

economics *n* (subject, study of), économie *nf*

economise *vb* , économiser *vb*

economy *n* (of a country), économie *nf* (d'un pays); **the French economy**, l'économie de la France

EDI, Electronic Data Interchange, échange *nm* de documents informatisés

edible *adj*, comestible *adj*

editor *n* (of newspaper), rédacteur *nm* en chef

education *n* **1** (teaching) enseignement *nm*. **2** (cv) études *nfpl*

EE, errors excepted, sauf erreur

EEC, European Economic Community, CEE, Communauté *nf* Economique Européenne

effect *n* (of .../on ...), effet *nm* (de .../sur ...); **have an effect on ...**, avoir une influence sur ...

effective *adj*, efficace *adj*

efficiency *n*, efficacité *nf*

efficient *adj*, efficace *adj*

electrical equipment *n*, équipement *nm* électrique

electronics *npl*, électronique *nf*

eligible *adj*, **to be eligible** (for) **1** (membership) être *vb* éligible *adj*. **2** (rights) avoir *vb* droit à ...

E mail *n* (comp), courrier *nm* électronique, messagerie *nf* électronique (recommended term)

embargo *n*, embargo *nm*; **lift an embargo**, lever un embargo; **place an embargo on ...**, jeter un embargo sur ...

embark *vb* **1** (load cargo on to ship) charger *vb* à bord. **2** (take on passengers) embarquer *vb* (les passagers)

emphasise *vb* (something), insister *vb* sur (quelque chose)

employ *vb*, employer *vb*

employee *n*, employé (-e) *nm/f*; **employees** *npl*, personnel *nm*

employer *n*, employeur *nm*; **employer's liability insurance**, assurance *nf* patronale contre les accidents du travail

employment history (cv), expérience *nf* professionnelle

empty *adj*, vide *adj*

Enc, Encl, enc, enclosure(s) (correspondence), PJ, pièce(s) *nfpl* jointe(s)

enclose *vb*, joindre *vb*; **I enclose a copy of our brochure**, je joins notre brochure

encounter *vb* **problems**, rencontrer *vb* des problèmes

end *vb* (to come to the end), s'achever *vb*, se terminer *vb*

endorse *vb* **1** (cheque) endosser *vb*. **2** (approve) approuver *vb*, accorder *vb* son soutien à ...

engine *n* (eg petrol engine), moteur *nm*; **internal combustion engine**, moteur *nm* thermique

enquiry *n*, demande *nf* de renseignements

enter *vb* **1** (book-keeping etc) porter *vb* à ... **2** (comp) entrer *vb* des données

enterprise *n* **1** (spirit of enterprise) esprit *nm* d'entreprise. **2** (company) entreprise *nf*

entrance *n*, entrée *nf*

envelope *n* (stationery), enveloppe *nf*

equal *vb*, égaler *vb*

equal *adj* **to**, égal (-le) *adj* à

equity *n* (ordinary share), action *nf* ordinaire

error *n*, erreur *nf*

established in 1 (country, region), implanté(-e) en (pays, région); **the company is established in ...**, la société est implantée en ... **2** (date) fondée en ... (société)

estate agent *n*, agent *nm* immobilier

estimate *n* **1** (quotation) devis *nm*. **2** (rough calculation) estimation *nf*

estimate *vb*, évaluer *vb*

ETA, Estimated Time of Arrival, horaire *nm* d'arrivée prévue

ETD, Estimated Time of Departure (imp/exp), horaire *nm* de départ prévu

Ethernet *n* (comp), Ethernet *nm*

event *n*, événement *nm*; **events marketing**, marketing *nm* événementiel

eventual *adj* **1** (final) qui s'ensuit. **2** (possible) possible *adj*

eventually *adv*, finalement *adv*

examine *vb* (goods), examiner *vb*

exceed *vb*, dépasser *vb*

exceptional items *npl* (accounts), charges *nfpl* exceptionnelles

excess capacity (for production), surcapacité *nf*

exchange *vb* (for), échanger *vb* (contre); **exchange rate** *n*, taux *nm* du change

exclusive right *n* (law), droit *nm* exclusif

excuse *n*, excuse *nf*

executive 1 (manager) cadre *nm*; **senior executive**, cadre *nm* supérieur; **executive director**, membre *nm* du conseil d'administration; **executive search**, cabinet de recrutement (cadres). **2** (≈ employee) ≈ le responsable de ...; **sales executive**, le responsable des ventes.

exhibit *vb* (mktg, sales), exposer *vb*

exhibition *n* (mktg, sales), exposition *nf*; **exhibition centre** (mktg, sales) centre *nm* d'exposition

exhibitor *n* (mktg, sales), exposant *nm*

expanding *adj*, en expansion; **expanding company**, société *nf* en pleine expansion; **expanding market**, marché *nm* en pleine expansion

expansion *n*, expansion *nf*

expect *vb* **1** (hope for) compter *vb* faire; **we expect to sign a contract with ...**, nous comptons signer un contract avec ... **2** (something to happen) s'attendre *vb* à ...; **we**

expect rates to fall, nous nous attendons à ce que les taux baissent. **3** (wait for) attendre; **we will expect you at the hotel at 7pm**, nous vous attendrons à l'hôtel à 19h

expenditure *n*, dépenses *nfpl*

expenses *n*, frais *nmpl*; **travelling expenses**, frais de déplacement

experience *n*, expérience *nf*; **gain experience in marketing**, acquérir une expérience du marketing

experienced *adj*, qui a de l'expérience (dans); **we are looking for an experienced manager**, nous recherchons un directeur ayant de l'expérience

experiment *n*, expérience *nf*

expert *n*, expert *nm*

export manager, directeur *nm* à l'exportation

exporter *n*, exportateur *nm*

express delivery (t+d), livraison *nf* exprès, distribution *nf* exprès

express *n* (train) (t+d), rapide *nm*

EXQ, Exq, Ex Quay (imp/exp), à quai

EXS, Exs, Ex Ship (imp/exp), ex navire, à bord (recommended term)

external disc drive *n*, unité *nf* d'entraînement (de disques) externe, 'lecteur de disques externe'

extra charge *n* (fin), supplément *nm*

extrude *vb*, profiler *vb*

extruded *adj*, profilé (-e) *adj*

extrusion *n*, extrusion *nf*

EXW, Ex works (imp/exp), à l'usine

eyecatching *adj* (mktg, sales), accroche *nf* (recommended term)

FAA, faa, free of all average (ins), franc d'avarie, franc de toute avarie

fabric *n* (eg cloth), tissu *nm*

fabricate *vb*, fabriquer *vb*

fabrication *n*, fabrication *nf*

face *vb*, faire *vb* face à ...; **the company has to face a difficult period**, la société doit faire face à une période difficile

face value *n* (fin, stock market), valeur *nf* nominale

facilities *npl* (of hotel etc), prestations *nfpl*; **among the facilities offered by our ... are ...**, notre ... offre entre autres prestations ...

factor *n* (gen, maths etc), facteur *nm*; **the decisive factor**, le facteur déterminant

factory gate price, prix *nm* sortie d'usine

fail *vb* (fin) **1** (to go bust) faire *vb* faillite. **2** (not succeed) échouer *vb*. **3** (fail to do something) ne pas réussir *vb* à faire; **they failed to reach their target**, ils n'ont pas réussi à atteindre leur objectif

failure *n* **!** (mechanics) panne *nf*. **2** (business failure) faillite *nf*

fair *adj*, juste *adj*

fair *n*, foire *nf*

FAK, freight all kinds (imp/exp), fret *nm* pour tous genres (de marchandises)

fall *n*, chute *nf*; **fall-off** *n* (reduction, slackening), baisse *nf*; **a fall-off in orders**, une baisse des commandes

fall vb (gen, fin), tomber vb ; **we expect the rate to fall to ...,** nous nous attendons à ce que le taux tombe à ...; **fall by,** baisser vb de; **fall due** (fin), venir vb à échéance; **fall through,** échouer vb

FAQ, faq 1 **free alongside quay** (imp/exp) franco à quai. 2 **fair average quality** (mktg, sales) qualité nf courante

fare n, prix nm du billet; **the fare to London is £14,** le prix du billet pour Londres est de £14

farmer n, exploitant nm agricole

FAS, free alongside ship (imp/exp), franco le long du navire

fast adj, rapide adj

fast adv, rapidement, vite adv; **he works fast,** il travaille vite

fast food industry, industrie de la restauration rapide, les 'fast foods'

fault n 1 (machines, products) défaut nm. 2 (mistake) faute nf

faulty adj, défectueux (-se) adj

fax n (message), télécopie nf; **fax number** n, numéro nm de télécopie

fax vb, 'faxer' vb, envoyer vb une télécopie

FBL, FIATA, combined transport bill of lading (imp/exp), connaissement nm de transport combiné FIATA

FCL, full container load (t+d), conteneur nm complet

feasibility n, faisabilité nf; **a feasibility study,** une étude de faisabilité

feature n (of product), caractéristique nf (du produit); **one of the features of the product is ...,** ... est l'une des caractéristiques du produit; **feature article** n, article nm de fond

feature vb (mktg, sales) 1 (programme or article) avoir vb pour sujet, présenter vb; **the article will**

feature our company, l'article présentera notre société. 2 (of product) présenter vb une caractéristique

fee n 1 (cost of professional service) honoraires nmpl. 2 (regular contribution, club etc) cotisation nf

felt tip n, feutre nm

female adj, de sexe féminin

ferry n, ferry nm

fga, free of general average (ins), franc d'avarie commune

field, in the field (mktg, sales), sur le terrain; **field survey,** 'étude terrain'

fight vb (oppose), s'opposer vb à ...

figure n, chiffre nm

file n 1 (single card) fiche nf. 2 (collection of information on subject) dossier nm. 3 (container for storage files) fichier nm. 4 (binder) classeur nm. 5 (comp) fichier nm. **file management** n (comp), gestion nf de fichiers; **file server** n (comp), serveur nm de fichiers

file vb (offce), classer vb

filing cabinet n (offce), classeur nm; **filing clerk** n (offce), documentaliste nm/f

fill vb **in** (form), compléter vb, remplir vb (un formulaire)

fill vb **up** 1 (gen) remplir vb. 2 (with petrol) faire vb le plein

film-wrapped (mktg, sales), sous pellicule de plastique

final adj, final (-e) adj

finalise vb, compléter vb

finance n, finances nfpl

finance vb, financer vb

financial adj, financier adj; **financial director** (fin), directeur (-trice) nm/f financier; **financial manager** (fin), directeur (-trice) nm/f financier; **financial year** (fin), exercice *nm* financier

financier *adj*, financier (-ière) *adj*

financing *n*, financement *nm*

find *vb*, trouver *vb*

fine *adj* **1** (small particles) fin (-e) adj. **2** (appearance) beau (-elle) *adj*

fine *n* (law), amende *nf*

finish *n* (on product), finition *nf*

finish *vb*, finir *vb*

finished goods/products (fin), produits *nmpl* finis

FIO, free in and out (imp/exp), FIO, frais *nmpl* de chargement et de déchargement en sus du fret; BAB, bord à bord (recommended term)

fire *n* (accidental), incendie *nm*

firm *adj*, ferme *adj*; **a firm order**, commande ferme

firm *n* **1** société *nf*. **2** firme *nf*

first *adj*, premier (-ière) *adj*

fit *vb* **1** (to be the right size) convenir *vb*. **2** (fix on) monter *vb*. **3** (adjust and assemble) ajuster *vb*

fixed assets (fin), immobilisations *nfpl*

fixed-term contract (pers), contrat *nm* à durée déterminée, CDD *nm*

flat *n* **1** (accommodation), appartement *nm*. **2 flat rate**, taux *nm* uniforme

flatten *vb* **out** (trends, figures), atteindre *vb* un plateau, atteindre *vb* un palier

flaw *n*, imperfection *nf*

flexible *adj*, souple *adj*; **thanks to our flexible production system**, grâce à nos techniques souples de production; **flexible working hours**, horaire *nm* flexible, horaire *nm* souple

flier/flyer *n* (leaflet), tract *nm*

flip chart, tableau *nm* à feuilles volantes, 'tableau *nm* papier'

float *vb* (a company) (fin), lancer *vb* une société; (a loan) (fin), lancer *vb* un emprunt

floating *adj*, flottant (-te) *adj*

floor *n* **1** (first, second etc) étage *nm*; **second floor**, deuxième étage. **2** (floor/ceiling) plancher *nm*

flow chart (fin), diagramme *nm* des flux, diagramme *nm* de circulation

fluctuate *vb*, fluctuer *vb*

fly *vb* (t+d), voyager *vb* en avion

FM, frequency modulation, modulation *nf* de fréquence

FMCG, fast moving consumer goods (mktg, sales), biens *nmpl* de consommation courante

FOB, free on board (imp/exp), FAB, franco à bord

focus *vb* (on), se concentrer *vb* (sur)

fold *vb* (documents), plier *vb*

folder *n* (mktg, sales), dossier *nm*, dépliant *nm*, porte-annonces *nm* (recommended term)

follow *vb*, suivre *vb*

follow *vb* **up** (contact who has not responded) (mktg, sales); relancer *vb*; **follow up a lead** (mktg, sales), réactiver *vb* un prospect; **follow up after a meeting** (mktg, sales), donner *vb* suite à une réunion

food *n*, alimentation *nf*; **food industry** (mktg, sales), agroalimentaire *nm*

FOR, FOT, free on rail, free on truck (imp/exp, t+d), franco wagon

forecast *n* (fin), prévisions *nfpl*

forecast *vb* (fin), faire *vb* des prévisions

foreign *adj*, étranger (-ère) *adj*; **foreign trade**, commerce *nm* extérieur

foreman *n*, contremaître *nm*

forklift *n* (t+d), chariot *nm* élévateur (à fourches)

form n (imp/exp), formulaire nm; **fill in a form**, remplir vb, compléter vb un formulaire

forward vb (imp/exp) **1** (to send off) envoyer vb. **2** (to new address) faire vb suivre

forwarding agent (t+d), transitaire nm

founded in ..., fondé (-e) en ...

fountain pen n, stylo nm à encre

four-colour adj (ad) (mktg, sales), (annonce) quadri, (annonce) quadrichrome

FPA, free of particular average (imp/exp), FAP, franc d'avarie particulière

FPAD, freight payable at destination (imp/exp), fret nm payable à destination

franchise n (mktg, sales), franchise nf

franchise vb (mktg, sales), franchiser vb

franchisee n (mktg, sales), franchisé (-e) nm/f

franchising n (mktg, sales), 'franchisage' nm

franchisor n (mktg, sales), franchiseur nf

frank vb (offce), affranchir vb

franking machine n (offce), machine nf à affranchir

FRC, free carrier (imp/exp), franco transporteur

free adj (mktg, sales), gratuit (-e) adj; **free admission**, entrée nf gratuite; **free carrier** (imp/exp), franco transporteur; **free delivery** (imp/exp), livraison nf franco; **free gift** (mktg, sales), cadeau nm publicitaire; **free of particular average** (fin), franc d'avarie particulière; **free sheet** n (mktg, sales), journal nm à distribution gratuite

freebie n (mktg, sales), cadeau nm publicitaire

freephone number (mktg, sales), numéro nm vert

freeze vb **1** geler vb. **2** (deep freeze) congeler vb. **3** (prices, rates) geler vb (les prix, les taux)

freight n (t+d), fret nm; **freight car** (t+d), wagon nm de marchandises; **freight handling** (t+d), manutention nf de fret; **freight paid** (fin), fret nm payé; **freight train** (t+d), train nm de marchandises

frequency n, fréquence nf

frequent adj, fréquent (-e) adj

fridge n, frigo nm

fringe benefits, avantages nmpl en nature

fuel oil n (imp/exp), fioul nm (recommended term)

full-time (pers), à temps complet

futures market n (fin), marché nm de contrats à terme

G

GA, ga, general average (ins), avarie *nf* grosse, avarie *nf* commune

gadget *n* **1** (unflattering) gadget *nm*. **2** (small piece of equipment) dispositif *nm*

gain *n* (gen, fin), gain *nm*

gain *vb* (in value), progresser *vb*; **gain** *vb* **experience** (cv), acquérir *vb* de l'expérience

gamble *n*, pari *nm*

gap *n* **between** (fin), écart *nm* entre

garden centre (mktg, sales) jardinerie *nf*, 'garden centre' *nm*

garden furniture *n* (mktg, sales), mobilier *nm* de jardin

gas *n*, gaz *nm*

gather *vb* (information), rassembler *vb* (des renseignements)

GCR, general cargo rates (t+d), taux *nm* de fret pour marchandises diverses

GDP, Gross Domestic Product, PIB, Produit *nm* Intérieur Brut

general manager *n*, directeur *nm* général

get *vb* (gen), obtenir *vb*; **get ahead**, avoir *vb* de l'avance; **get in touch with ...**, contacter *vb* ..., entrer *vb* en contact avec ...; **get off** (a train), descendre (d'un train)

gift *n*, cadeau *nm*

gift-wrap *vb*, faire *vb* un paquet cadeau

Giro cheque, chèque *nm* postal

give *vb* **1** (gen) donner *vb*. **give** *vb* **a**
talk to ...**, faire *vb* un exposé devant ...; **give** *vb* **credit** (fin), faire *vb* crédit; **give** *vb* **notice** (pers) (to employer) remettre *vb* sa démission. (to employee) donner *vb* congé. **2** (formal gifts) offrir *vb*.

giveaway *n* (mktg, sales), cadeau *nm*

gloomy *adj* (financial outlook etc), pessimiste *adj*

glossy *n* (magazine), magazine *nm* de luxe

glue *vb*, coller *vb*

glut *n*, surabondance *nf*

GNP, Gross National Product, PNB, Produit *nm* National Brut

go *vb*, aller *vb*

go-ahead *n*, **get the go-ahead**, obtenir *vb* le feu vert

goodwill *n* **1** (gen) bonne volonté *nf*. **2** (accounts) fonds commercial *nm*, écart *nm* d'acquisition (recommended term), survaleur *nf* (recommended term) ≈ actif *nm* incorporel, ≈ clientèle *nf*

go-slow *n* (pers), grève *nf* du zèle

go *vb* **ahead**, aller *vb* de l'avant

go *vb* **down by ...** (rates, prices), baisser *vb* de ...; **sales have gone down by 2%**, les ventes ont baissé de 2%

go *vb* **down to**, descendre *vb* à; **inflation will go down to 5%**, l'inflation descendra à 5%

go *vb* **public** (fin, stock market), être *vb* introduit en bourse

go *vb* **slow** (pers), faire *vb* la grève du zèle

go *vb* **up 1** (gen) monter *vb* (à). **2** (fin) augmenter *vb*; **go** *vb* **up by ...** (rates, prices), monter *vb* de ...; **prices have gone up by 10%**, les prix ont monté de 10%

goods *n* (fin), marchandises *nfpl*; **goods wagon** (t+d), fourgon *nm* (de marchandises)

GP, General Practitioner, médecin nm généraliste

grade n (quality), qualité nf

graph n 1 (charts showing axes etc) graphique nm. 2 (line plotted on graph) courbe nf, tracé nm

graphic artist, graphiste nm

graphics npl, représentations nfpl graphiques; **computer graphics**, infographie nf

green card n (ins), carte nf verte

greet vb (a visitor), accueillir vb (un visiteur)

grievance procedure (pers), procédure nf prud'hommale

gross adj (fin), brut(-te) adj; **gross revenue**, revenu brut; **gross weight** n (imp/exp), poids nm brut

gross n, (12 x 12) grosse nf

grow vb, croître vb

growth n, croissance nf

guarantee n, garantie nf

guarantee vb, garantir vb

guest n 1 (hotel) client nm. 2 (invited for meal or stay) invité (-e) nm/f

H

haggle vb, marchander vb

half adj, demi (-e) adj

half n, moitié nf

half price, moitié prix; **we could let you have them half price**, nous pourrions vous les céder à moitié prix

half-time employment (pers), emploi nm à mi-temps

half year n, semestre nm

half-yearly adj, semestriel (-le) adj

hall, main hall, hall nm principal

halve vb (reduce by half), réduire vb de moitié

hamper, to be vb **hampered by ...**, être vb gêné par ...

hand vb **over** (documents etc), remettre vb (des documents etc)

handbook n, manuel nm

handle vb 1 (see to) se charger vb de ... 2 (t+d) manutentionner vb

handling n 1 (use) maniement nm. 2 (goods handling, t+d) manutention nf; **handling truck** (t+d), chariot nm de manutention

handout n 1 (printed information) document nm (à distribuer). 2 (training, education) polycopié nm

hard copy n (comp), copie nf sur papier

hard disc n (comp), disque nm dur

hardware n 1 (gen) équipement nm. 2 (comp) matériel nm, 'hardware' nm

haulage *n*, transport *nm*

haulier (t+d) *n*, transporteur *nm*, camionneur *nm*, entrepreneur *nm* de transport routier

headline *n*, titre *nm* (recommended term)

head *n* of ... (pers), chef *nm* de ..., responsable *nm* de ...

head office (fin), bureau *nm* principal

headed paper *n* (offce), papier *nm* à en-tête

headhunter *n*, chasseur *nm* de têtes

headquarters *n* **1** (registered office) siège *nm* social. **2** (head office) bureau *nm* principal

heat *n*, chaleur *nf*

heating, central heating *n*, chauffage *nm* central

heavy-duty *adj* **1** (type of use) pour usage intensif. **2** (strong construction) solide *adj*

help *vb*, aider *vb*

HGV, heavy goods vehicle, poids *nm* lourd

hi-fi *n* (mktg, sales), équipement *nm* hi-fi

high *adj*, (price) élevé; **the price is very high**, le prix est très élevé; **a high level of ...**, un niveau élevé de ...

highlighter *n* (offce), surligneur *nm*

hire *n*, location *nf*; **hire car** *n*, voiture *nf* de location; **hire purchase** (with option to buy), location-vente *nf*; (method of payment) achat à tempérament

hire *vb* **1** (employ) embaucher *vb*. **2** (equipment) louer *vb*

hired 1 *adj* (equipment) loué(e) *adj*, en location. **2** (employed) *adj* embauché (-e) *adj*

hit *n* (success), succès *nm*

hit, to be *vb* **hit by**, être affecté par; **we have been hit by the high price of fuel**, nous avons été affectés par le prix élevé du carburant

hoarding *n* (mktg, sales), panneau *nm* publicitaire

hobbies *npl* (cv), passe-temps *nmpl*

hold (of ship) *n*, cale *nf*

hold *vb* (stocks of ...), tenir *vb* (des stocks de ...)

hold-up *n*, retard *nm*

holding company, 'holding' *nm*

hole puncher *n* (offce), perforatrice *nf*

holiday *n*, vacances *nfpl*

home address *n* (offce), adresse *nf* personnelle

home market, marché *nm* intérieur

honest *adj*, honnête *adj*

hospital *n*, hôpital *nm*

hospitality tent (mktg, sales), tente *nf* d'accueil

hourly *adj* (every hour), toutes les heures

household equipment/goods, articles *nmpl* ménagers

hovercraft *n* (t+d), aéroglisseur *nm*

HP, hp, horse power, puissance *nf* en chevaux

HP, Hire Purchase, achat *nm* à tempérament

huge *adj*, énorme *adj*

human resources, ressources *nfpl* humaines

hypermarket *n* (mktg, sales), hypermarché *nm*

I

ignore *vb*, ignorer *vb*

illegal *adj*, illégal (-e) *adj*

illegible *adj*, illisible *adj*

image *n*, image *nf*

import *vb*, importer *vb*

imported *adj*, importé (-e) *adj*

important *adj*, important (-e) *adj*

impound *vb* (imp/exp), mettre *vb* sous scellés

in-house *adj*, interne *adj*

incentive *n* (mktg, sales), stimulant *nm*, encouragement *nm*

include *vb* **1** (enclose in correspondence) joindre *vb*; **I enclose a price list**, je joins un tarif. **2** (gen) comporter *vb*; **the contract includes a clause on ...**, le contrat comporte une clause sur ...

inclusive *adj* (of), inclus (-e) *adj*; **packing costs included**, frais d'emballage inclus; **inclusive price**, prix *nm* forfaitaire

income tax (fin), impôt *nm* sur le revenu

increase *n*, augmention *nf*; **increase of 2%**, augmentation de 2%

increase *vb* **to ...** (gen, fin), porter *vb* à; **the price has been increased to 5000F**, le prix a été porté à 5000F

increase *vb* **by ...** (gen,fin), augmenter *vb* de ...; **the cost of hire has been increased by 8%**, le prix de la location a été augmenté de 8%

increase *vb* **prices 1** (gen) majorer *vb* les prix. **2** (official increase) relever *vb* les prix

increase in value, plus-value *nf*

independent *adj*, indépendant (-e) *adj*

indicate *vb*, montrer *vb*

indication *n*, signe *nm*

indispensable *adj*, indispensable *adj*

industrial *adj*, industriel (-le) *adj*; **industrial dispute**, conflit *nm* social; **industrial estate**, zone *nf* industrielle

industrialist *n*, industriel *nm*

industry *n*, industrie *nf*

inflation *n*, inflation *nf*

influence, have *vb* **an influence on ...**, avoir *vb* de l'influence sur ...

influenced *adj* **by ...**, influencé (-e) *adj* par ...

inform *vb*, informer *vb*

informal *adj*, informel (-le) *adj*; **an informal discussion**, une discussion informelle

information *n* **1** (gen) renseignements *nmpl*; **some information about ...**, des renseignements sur ... **2** (comp) donnée *nf*; **3 information systems**, systèmes *nmpl* informatiques

infra-red control, commande *nf* infrarouge

infringe *vb* (a patent) (law), contrefaire *vb* (un brevet)

initial *adj*, initial (-e) *adj*

Inland Revenue *n* (fin), fisc *nm*

innovate *vb*, innover *vb*

innovation *n*, innovation *nf*

innovative *adj*, novateur (-trice) *adj*

input *vb* (data), entrer *vb* des données

inquiry *n* **1** (investigation) enquête *nf*.

2 (request for information) demande *nf* de renseignements

insert *n* (mktg, sales), encart *nm*

insert *vb* (mktg, sales), insérer *vb*; **insert an ad in ...**, insérer une annonce dans ...

insertion rate (mktg, sales), tarif *nm* annonces

insist *vb* (on), insister *vb* (sur)

inspect *vb*, inspecter *vb*

inspection *n*, inspection *nf*, contrôle *nm*

install *vb*, installer *vb*

installation *n*, installation *nf*

instalment *n* (fin) **1** (part of amount due for purchase) versement *nm* partiel; **payment by instalments**, versements *nmpl* échelonnés. **2** (of loan to borrower) tranche *nf*

institute *vb* **proceedings against ...** (law), intenter *vb* un procès contre ...

instruct *vb* (give order to someone), donner *vb* des instructions à quelqu'un

instructions for use, mode *nm* d'emploi

insulated *adj* **1** (electricity) isolé (-e) *adj*. **2** (heat) calorifugé (-e)

insurance *n*, assurance *nf*; **insurance policy** *n* (ins), police *nf* d'assurance; **insurance sector** *n*, secteur *nm* des assurances

insure *vb* (against), assurer *vb* (contre)

insurer *n*, assureur *nm*

intangible *adj* (accounts), incorporel (-le) *adj*; **intangible assets**, actif *nm* incorporel

interest *n* **1** (financial) investissement *nm*. **2** (shares in) participation *nf*; **a 10% interest in ...**; une participation de 10% dans ... **3** (return on capital) intérêt *nm*; **at 10% interest**, à 10% d'intérêt. **4** (money paid

for capital) intérêts *nmpl*

interested, to be *vb* **interested in ...**, s'intéresser *vb* à ...

interests *npl* (cv), centres *nmpl* d'intérêt

interface *vb* (comp), interfacer *vb*

intervene *vb*, intervenir *vb*

interview *n* (pers), entretien *nm*; **interview** *vb* **an applicant** (pers), faire *vb* passer un entretien à un candidat

in-tray *n* (offce), courrier *nm* arrivé

introduce *vb*; **1** (≈ suggest) introduire *vb*; **introduce a new idea** , introduire une nouvelle idée. **2** (≈ get something adopted) faire *vb* adopter; **introduce a new policy**, faire adopter une nouvelle politique. **3** (a person) présenter *vb* (quelqu'un à quelqu'un d'autre)

introduce *vb* **a new product** (mktg, sales), mettre *vb* un nouveau produit sur le marché

introductory price (fin), prix *nm* de lancement

inventory *n*, inventaire *nm*; **inventory turnover**, rotation *nf* du stock

invest *vb* (money) **in**, investir *vb* dans, placer *vb* (de l'argent) dans, faire *vb* un placement dans

investigate *vb* (law), mener *vb* une enquête

investment *n* (fin), investissement *nm*

invitation *n*, invitation *nf*; **invitation to tender** (mktg, sales), appel *nm* d'offres

inviter *vb*, inviter *vb*

invoice *n*, facture *nf*; **invoice value** (fin, mktg, sales), valeur *nf* de la facture

invoice *vb*, facturer *vb*

invoicing *n* (fin), facturation *nf*

involve *vb*, impliquer *vb*

involved, to be *vb* **involved in 1** (to be active in) être *vb* engagé (-e) dans ... **2** (to be part of a scandal etc) être *vb* impliqué (-e) dans

IQ, intelligence quotient, QI, quotient *nm* intellectuel

ironmonger *n*, quincailleur *nm*

irrevocable letter of credit (fin), lettre *nf* de crédit irrévocable

issue *n* **1** (of magazine) numéro *nm*. **2** (of new shares) émission *nf*

issue *vb* **1** (fin, shares etc) émettre *vb*. **2** (public relations etc) publier *vb*; **issue a press release**, publier un communiqué de presse

item *n* **1** (eg goods) article *nm*. **2** (part of list, agenda) point *nm*

itemized bill/ invoice, facture *nf* détaillée

jam *vb* (mechanical), coincer *vb*

jam, traffic jam *n*, embouteillage *nm*

jeopardize *vb*, mettre *vb* en danger

jingle *n* (mktg, sales), sonal *nm* (recommended term)

JIT, Just in Time, juste *nm* à temps

job *n* **1** (pers) emploi *nm*; **job advertisement**, offre *nf* d'emploi. **2** (specific position in company) poste *nm*; **job description**, profil *nm* de poste. **3** (piece of work) travail *nm*. **his job is to ...**, il est chargé de ...

joint *adj*, commun (-e) *adj*; **joint decision**, décision commune; **joint stock company**, société *nf* par actions; **joint venture**, co-entreprise *nf* (recommended term)

judge *n* (law), juge *nm*

judge *vb* (law), juger *vb*

judgement *n* (law), jugement *nm*

junior manager, junior executive (pers), cadre *nm* moyen

jury *n* (law), jury *nm*

just *adv* **1** (barely) juste *adv*; **they just managed to ...**, ils ont tout juste réussi à ... **2** (a short while ago) venir *vb* de; **they have just merged with XYZ Plc**, ils viennent de fusionner avec XYZ Plc

just over ... (gen, fin), à peine au-dessus de ...

just under ... (gen, fin), à peine au-dessous de ...

justice *n*, justice *nf*

justify *vb*, justifier *vb*

K

keep *vb*, conserver *vb*; **please keep the receipt**, veuillez conserver le reçu; **keep in a dry place**, conserver à l'abri de l'humidité

keep *vb* **ahead of** ..., garder *vb* de l'avance sur ...

keep *vb* **to a deadline** respecter *vb* un délai

kep *vb* **up with** ... **1** (stay informed) se tenir *vb* au courant de. **2** (maintain the same level, price, rate) se maintenir *vb* au niveau de ...

key *n* **1** (comp) touche *nf*. **2** (locks, security) clé *nf*

key *vb* **in** (comp), taper *vb*

keyboard *n* (comp), clavier *nm*; **keyboard operator** *n*, claviste *nm/f*

keyboard *vb*, taper *vb*

kind *adj*, aimable *adj*; **in kind**, en nature

kit *n* (mktg, sales), kit *nm*; **in kit form**, en prêt-à-monter

know-how *n*, savoir-faire *nm*

knowledge, connaissance *nf*; **knowledge of the market**, connaissance du marché

L

label *n* **1** (on goods) étiquette *nf*; **sticky label**, étiquette autocollante. **2** (name, make) marque *nf*; **sold under the Prestige label**, vendu(e) sous la marque Prestige

labour *n*, main-d'oeuvre *nf*; **labour force** (pers), main d'oeuvre *nf*; **labour market**, marché *nm* du travail; **labour costs 1** (accounts, pers) frais *nmpl* de personnel. **2** (specific projects) coût *nm* de la main d'oeuvre.

lack *n* **of** ..., manque *nm* de ...

lack *vb*, ne pas avoir *vb* de ..., manquer *vb* de ...; **the report lacks detail**, le rapport manque de détails

laminate *vb*, laminer *vb*

LAN network *n* (comp), réseau *nm* local

land *n* **1** (gen) terre *nf*. **2** (accounts) propriété *nf* foncière

land *vb* **1** (aeroplane) atterrir *vb*. **2** (cargo) décharger *vb*

landing charges, frais *nmpl* de débarquement

languages spoken (cv), langues *nfpl* pratiquées

laptop *n* (comp), ordinateur *nm* portatif

large *adj* **1** gros (-sse) *adj*. **2** important (-e) *adj*

last *adj*, dernier (-ière) *adj*

last *vb*, durer *vb*

late *adj* **1** (for deadline etc) en retard; **to be late**, être en retard; **late**

payment (fin), paiement *nm* en retard. **2** (towards the end of) vers la fin de; **in late May**, vers la fin de mai

lately *adv*, récemment *adv*

latest *adj* (model, figures etc), le/la dernier (-ière); **the very latest**, le/la tout (-e) dernier (-ière)

launch *n*, lancement *nm*; **launch price**, prix *nm* de lancement

launch *vb*, lancer *vb*

law *n*, loi *nf*

lawyer *n*, conseil *nm* juridique

lay day (t+d), estaries *nfpl*

lay *vb* **off** (pers), licencier *vb*

layoffs *npl* (pers), licenciements *nmpl*

LBO, Leveraged Buyout (fin), ≈ RES, Rachat *nm* de l'Entreprise par les Salariés

LC, L/C, Letter of Credit (fin), lettre *nf* de crédit

LCL, less than container load (t+d), chargement *nm* incomplet de container, charge *nf* incomplète de container

lead *n*, **lead time** (gen), temps *nm* de réalisation; **sales lead** (mktg, sales), prospect *nm*

lead *vb* (to be ahead), être le premier/ être la première; **have a lead** (over), avoir de l'avance (sur)

leader *n*, numéro *nm* un

leading *adj* **producer of ...**, producteur *nm* important de ...

leading edge technology, technologie *nf* de pointe

leaflet *n* (mktg, sales), prospectus *nm*, tract *nm*

leakage **1** (gen, imp/exp) coulage *nm*. **2** (from specific container) fuite *nf*

learn *vb*, apprendre *vb*

lease *n*, bail *nm*

lease *vb* **1** (to someone) louer *vb*,

donner *vb* à bail. **2** (lease from someone) prendre *vb* à bail

leaseback *n*, cession-bail *nf* (recommended term)

leasing *n*, crédit-bail *nm* (recommended term)

leather goods, maroquinerie *nf*

leave *n* (time off work), congé *nm*

leave *vb*, partir *vb*; **the lorry has left**, le camion est parti

ledger *n* (offce), registre *nm*

left luggage *n*, consigne *nf*

legal *adj*, légale *adj*; **legal adviser**, conseiller *nm* juridique

leisure *n* (mktg, sales), loisirs *nmpl*; **leisure centre** centre *nm* de loisirs; **leisure market** marché *nm* des loisirs

lend *vb*, prêter *vb*

lender *n*, prêteur *nm*

length *n*, longueur *nf*

less than ..., moins que ...

lessee *n*, locataire *nm*

let *vb* (property to someone), donner *vb* en location, louer *vb* à

letter *n*, lettre *nf*; **letter of application** (pers), lettre *nf* de candidature; **letter box** *n*, boîte *nf* aux lettres; **letter of credit** (imp/exp), lettre *nf* de crédit

level *n*, niveau *nm*

level *vb* **out** (gen, fin), se stabiliser *vb*

leverage *n* (fin), effet *nm* de levier

liabilities *npl* **1** (gen, fin) engagements *nmpl*. **2** (accounts) passif *nm* (et capital propre)

liability *n* (legal liability), responsabilité *nf*

liable *vb* **to ... 1** (likely to) susceptible de ... **2** (legal implication) être passible de ...

library *n*, bibliothèque *nf*

licence n **1** (gen) licence *nf*. **2** (driving) permis *nm*

license *vb* (eg a process), accorder *vb* une licence

life insurance, assurance-vie *nf*

lift n, ascenseur *nm*

lift *vb* (t+d), soulever *vb*

light *vb*, éclairer *vb*

lighten *vb*, alléger *vb*

lighting n (mktg, sales), éclairage *nm*

limit n, limite *nf*

limit *vb*, limiter *vb*

limited company, public limited company, société *nf* anonyme

line n, ligne *nf*; **product line**, ligne de produits

liquidation, go *vb* **into liquidation**, déposer *vb* son bilan

liquidity n **1** (gen) liquidité *nf*; **liquidity problems** (fin), problèmes *nmpl* de liquidités. **2** (solvability) solvabilité *nf*

list n, liste *nf*; **list broker** (mktg, sales), loueur *nm* de fichiers; **list price**, prix *nm* catalogue (recommended term)

list *vb* **1** (make list of) faire *vb* une liste de ... **2** (give list of) donner *vb* une liste de ...; **the catalogue lists all the sales points**, le catalogue donne la liste de tous les points de vente

literature n (on product), documentation *nf*

litigation n (law), litige *nm*

live *adj* **1** (TV etc) en direct. **2** (electrical current) sous tension

LMBO, Leveraged Management Buyout, rachat *nm* d'entreprise par ses cadres avec effet de levier, ≈ RES, Rachat *nm* d'Entreprise par ses Salariés

load *vb* (t+d, comp), charger *vb*

loan n **1** (to someone) prêt *nm*. **2** (from someone) emprunt *nm*

local radio, radio *nf* locale

locate *vb*, trouver *vb*

located 1 (gen) situé (e) *adj*. **2** (company site), implanté (-e) *adj*; **located in Wales**, implanté au Pays de Galles

location n, site *nm*, emplacement *nm*

lodge *vb* **a complaint against ...** (law), déposer *vb* une plainte contre ...

logo n, logo *nm*

long *adj*, long (-ue) *adj*; **long distance**, à longue distance; **long form** (bill of lading) (imp/exp), connaissement *nm* complet (recommended term); **long-term loan** (fin), emprunt *nm* à long terme

long *adv* (long time), longtemps *adv*

loose *adj* **1** (come loose) défait (-e) *adj*, desserré (-e) *adj*. **2** (not packed) en vrac

loose-leaf, à feuilles mobiles

lorry n (t+d), camion *nm*; **lorry driver** (t+d), conducteur *nm* de camion; **lorry load** (t+d), charge *nf* de camion

lose *vb*, perdre *vb*

loss n, perte *nf*; **loss adjuster** (ins), répartiteur *nm* d'avaries, dispacheur *nm*; **loss leader** (mktg, sales), produit *nm* d'appel, vente *nf* d'appel, article *nm* pilote

lost *adj*, perdu (-e) *adj*

lot, a lot of ..., beaucoup de ...

low *adj* **1** (gen) bas(se) *adj*. **2** (figures, rates) faible *adj*. **low interest loan** (fin), emprunt *nm* à faible taux d'intérêt; **low price**, à bas prix

lower than ... (gen, fin), plus bas que ...

lower *vb*, baisser *vb*; **lower** *vb* **prices**, baisser *vb* les prix

LPG, Liquefied Petroleum Gas (t+d), gaz *nm* de pétrole liquéfié (GPL)

LSD, loading, storage and delivery (imp/exp, t+d), mise *nf* à terre, magasinage et livraison

LTD, private limited company, sarl, société *nf* à responsabilité limitée.

luggage *n*, bagages *nmpl*

lump sum, paiement *nm* unique

luxury *adj*, de luxe *adj*; **luxury goods**, biens *nmpl* de luxe

luxury *n*, luxe *nm*

LV, luncheon voucher, ticket *nm* restaurant

machine *n*, appareil *nm*; **machine tools** *n*, machines-outils *nfpl*

machinery *n* **1** (several machines) machines *nfpl*. **2** (working parts) mécanisme *nm*

made in ... (imp/exp), fabriqué (-e) *adj* en ...

made of ... (imp/exp), fait (-e) *adj* de ...

made to measure, fait (-e) sur mesure

made up of ..., constitué (-e) de ...

magazine *n*, magazine *nm*; **in-house magazine** (mktg, sales), journal interne *nm* (recommended term)

magistrate *n* (law), juge *nm* d'instruction

mail *n*, courrier *nm*; **mail order** (mktg, sales), vente *nf* par correspondance

mail *vb*, envoyer *vb* par la poste

mailing *n* (mktg, sales), mailing *nm*, publipostage *nm* (recommended term); **mailing company** (mktg, sales), société *nf* de mailings; **mailing list**, liste *nf* d'adresses

mailshot *n* (mktg, sales), mailing *nm*, publipostage *nm* (recommended term)

main *adj*, principal (-e) *adj*; **main activity**, activité *nf* principale

mains *n* (electricity), secteur *nm*; **runs on mains electricity**, fonctionne *vb* sur secteur

maintain *vb* **1** (keep) conserver *vb*. **2** (eg a machine) entretenir *vb*

maintenance *n*, entretien *nm*

major *adj*, de premier rang; **a major manufacturer**, un fabricant de premier rang

majority of ..., la plupart de ...

make *n*, marque *nf*

make *vb* faire *vb* fabriquer *vb* (manufacture); **make an application** (pers), faire *vb* une demande d'emploi, poser *vb* sa candidature; **make an appointment**, prendre *vb* rendez-vous; **make an offer** (fin), faire *vb* une offre; **make redundant** (pers), licencier *vb*; **make up I** (a loss) compenser *vb* (une perte). **2** (delay) rattraper *vb* (le retard)

maker *n*, fabricant *nm*

malpractice *n* (law), faute *nf* professionnelle

man-made *adj* **I** (gen) artificiel (-le) *adj*. **2** (fabrics) synthétique *adj*

manage *vb* **I** (pers), gérer *vb*. diriger *vb*, 'manager' *vb*. **2 manage to do something**, réussir *vb* à faire quelque chose

management *n* **I** (managers of company) direction *nf*; **management buyout**, rachat *nm* de l'entreprise par sa direction/par ses cadres. **2** (activity of managing) gestion *nf*; **management accounting**, comptabilité *nf* de gestion; **management information system** *n* (comp), système *nm* informatique d'aide à la gestion; **management problems**, problèmes *nmpl* de gestion

manager *n* (pers), directeur *nm*

manageress *n* (pers), directrice *nf*

managing director (pers), ≈ directeur *nm* général, administrateur *nm* délégué

manifest *n* (t+d), manifeste *nm*

manpower *n*, main d'oeuvre *nf*

manual *adj*, manuel (-le) *adj*

manual *n*, manuel *nm*

manufacture *vb*, fabriquer *vb*

manufacturer *n*, constructeur *nm*, fabricant *nm*

manufacturing industries, industries *nfpl* de transformation

margin *n* (fin), marge *nf*; **margin ratio**, taux *nm* de marge

marginal *adj*, marginal (-e) *adj*

marina *n*, marina *nf*

marine *adj*, maritime *adj*; **marine insurance** (ins), assurance maritime

mark-up *n* **I** (increase in price) majoration *nf*. **2** (percentage profit margin) taux *nm* de marge. **3** (profit margin) marge *nf* bénéficiaire, marge *nf* de marque

mark *vb* **up** (prices), majorer *vb* (les prix)

marked down, to be *vb* **marked down I** (stock market) avoir *vb* une décote. **2** (gen, retail) réduire *vb* le prix

marked up, to be *vb* **marked up** (fin), avoir *vb* une surcote

marker pen *n*, marqueur *nm*

market *n* **I** (potential customers) marché *nm*, débouchés *nmpl*; **there is a big market for ...**, il y a un marché considérable pour ... **2** (marketplace) marché *nm*; **market analysis**, analyse *nf* du marché; **market demand** *n*, besoins *nmpl* du marché; **market penetration**, pénétration *nf* du marché; **market price**, prix *nm* du marché, valeur *nf* marchande; **market research**, étude *nf* de marché; **market sector**, secteur *nm* du marché; **market share**, part *nf* du marché; **market trend**, tendance *nf* du marché; **market value**, valeur *nf* marchande; **to be in the market for ...**, être acheteur pour ...

market *vb* (product), mettre *vb* sur le marché

marketing n (mktg, sales), marketing nm, mercatique nf (officially recommended term), commercialisation nf (recommended term); **marketing department** (pers), service nm de marketing; **marketing mix** n (mktg, sales), marketing mix nm, marchéage nm (recommended term)

married adj (cv), marié (-e) adj

mass memory (comp), mémoire nf de masse

mass production, production nf en grande série

match vb 1 (eg colours) assortir vb. 2 (offer equal price) offrir vb le même prix

matching adj, assorti (-e) adj; **matching colours**, des couleurs assorties

mate's receipt (imp/exp), reçu nm de bord

materials npl, matériaux nmpl

mature adj (personal quality), mûr (-e) adj

mature vb (fin), venir vb à échéance

maximise vb, maximiser vb

maximum adj, maximal (-e) adj

maximum n, maximum nm

md, ... months after date (fin), à ... mois de date, à ... mois d'échéance

mean n (maths ≈ average), moyenne nf

means npl, moyens nmpl

measure vb, mesurer vb

measurement, pay vb by measurement (t+d), payer vb au cubage

measurements npl, dimensions nfpl

mechanism n, mécanisme nm

media, the media npl, les médias nfpl

medical adj, médical (-e) adj

meet vb (have a meeting), se réunir vb; **go to meet** (at station), aller vb chercher (à la gare); **meet** (his/her) **commitments**, honorer vb (ses) engagements; **meet the requirements/conditions**, satisfaire vb aux exigences/aux conditions; **meet someone**, rencontrer vb quelqu'un

memo n, note nf de service

memory n (comp), mémoire nf

mend vb, réparer vb

menu n (comp), menu nm

merchandising n, techniques nfpl de commercialisation

merchant bank (fin), banque nf d'affaires

merge vb (fin), fusionner vb; **merge with ...**, fusionner vb avec ...

merger n, fusion nf

message n (offce), message nm

mesures npl, mesures nfpl

meter n, compteur nm

methods of payment (imp/exp, mktg, sales), modalités nfpl de paiement

mpg, miles per gallon, consommation nf en milles au gallon, expressed as litres/100 km in French (30 mpg ≈ 9 litres/100 km)

microphone n (mktg, sales), microphone nm

mileage n, kilométrage nm

mini-computer n (comp), mini-ordinateur nm

minimise vb, minimiser vb

minimum adj, minimum adj

minor adj, mineur (-e) adj

minus prep, moins prep

minutes npl (meetings), procès-verbal nm

miscellaneous adj, divers (-e) adj

mislead *vb*, induire *vb* en erreur

misleading *adj*, trompeur (-euse) *adj*; **misleading advertising**, publicité *nf* mensongère

missing articles, articles *nmpl* manquants

mistake *n*, erreur *nf*

mobile phone *n*, téléphone *nm* portatif, téléphone pour personnes en déplacement

mode of transport (imp/exp, t+ d), moyen *nm* de transport

model *n* **1** (scale model) maquette *nf*. **2** (version of product) modèle *nm*; **the latest model**, le modèle le plus récent

modify *vb*, modifier *vb*

module *n*, module *nm*

money *n* **1** (capital) capital *nm*. **2** (coins etc) argent *nm*

monitor *n* (comp) **1** (gen) moniteur *nm*. **2** (process control) écran *nm* de contrôle

monitor *vb*, contrôler *vb*

month *n*, mois *nm*

monthly *adj*, mensuel (-le) *adj*; **monthly paid** *adj* (pers), mensualisé (-e) *adj*; **monthly payments**, paiement *nm* par mensualités, versements *nmpl* mensuels

moor *vb* (t+d), mouiller *vb*

more than ... (gen, fin), plus que ...

mortgage *n*, hypothèque *nf*; **mortgage loan** prêt *nm* hypothécaire

mortgage *vb*, hypothéquer *vb*

motivate *vb*, motiver *vb*

motivation *n*, motivation *nf*

motor insurance (ins), assurance *nf* automobile

motorist *n*, automobiliste *nm*

motorway *n* (t+d), autoroute *nf*; **motorway junction** *n*, échangeur *nm* d'autoroute

mouse *n* (comp), souris *nf*

move *vb* (offices, house), déménager *vb*

MP, Member of Parliament, député *nm*, membre *nm* des Communes

Ms, no exact equivalent in French - use either Madame or possibly Mademoiselle

m/s, ... months after sight (fin), à ... mois de vue.

MTO, multimodal transport operator (imp/exp), entrepreneur *nm* de transport multimodal

multiple copies (imp/exp), exemplaires *nmpl*

multiply *vb* (by), multiplier *vb* (par)

N

NA, N/A, not applicable (form-filling), néant *nm*

name *n*, nom *nm*; **company name**, raison *nf* sociale

narrow *adj*, étroit (-e) *adj*

national *adj*, national (-e) *adj*; **national insurance contributions**, ≈ cotisations *nfpl* sociales

nationality *n* (cv), nationalité *nf*

nationalise *vb*, nationaliser *vb*

nationalised *adj*, nationalisé (-e) *adj*

naval *adj*, naval (-e) *adj*

NCV, no commercial value (imp/exp), sans valeur commerciale

near *adj*, proche *adj*; **in the near future**, dans un proche avenir; **near** *prep* (location), près de, à proximité de; **near the airport**, près de l'aéroport

nearest . . . *adj* (matching requirements), ce qui se rapproche le plus de ...

nearly *adv*, presque *adv*

need *n*, besoin *nm*

need ... *vb*, avoir *vb* besoin de...

needs analysis, analyse *nf* des besoins

neglect *vb* (to do) **1** (not look after something) négliger *vb* (de). **2** (forget to do) omettre *vb* (de)

negotiable *adj*, négociable *adj*

negotiate *vb*, négocier *vb*

negotiation *n*, negociation *nf*

net *adj* (fin), net (-te) *adj*; **net cash-flow**, marge *nf* nette d'autofinancement; **net contribution**, contribution *nf* nette; **net income**, résultat *nm* net comptable, revenu *nm* net; **net income to sales**, rentabilité *nf* d'exploitation; **net result**, résultat *nm* net; **net weight**, poids *nm* net; **net worth**, valeur *nf* résiduelle

net *vb* (receive a net amount) encaisser *vb*

network *n* (comp), réseau *nm*

network *vb* (comp), mettre *vb* en réseau

networked system *n* (comp), système *nm* en réseau

networking (cooperation between companies), maillage *nm*

new *adj* **1** (not previously known) nouveau (-elle) *adj*; **we have brought out a new model**, nous avons sorti un nouveau modèle. **2** (unused, brand new) neuf (-ve) *adj*

news *n* **1** (radio / TV) informations *nfpl*, actualités *nfpl*; **news programme** (TV), téléjournal *nm*. **2** (newspaper) actualité *nf*. **3** (particular event) annonce *nf*; **the news of the merger**, l'annonce de la fusion

newsletter *n* (mktg,sales), feuille *nf* d'information

niche *n* (mktg, sales), créneau *nm*

nil *adj* **1** (figs) nul (-le) *adj*. **2** (form-filling) néant *nm*

no claims bonus (ins), bonus *nm*

non-payment (fin), défaut *nm* de paiement

non-returnable *adj* **1** (disposable) perdu (-e) *adj*, emballage perdu. **2** (no deposit on container) non-consigné (-e) *adj*

not as ordered (mktg,sales), non conforme à la commande

note *n* **1** (short message) mot *nm*; **thank you for your note**, merci de votre mot. **2** (banknote) billet *nm* (de banque)

note vb **1** (be aware of) prendre vb note (de). **2** (write down) noter vb. **3** (see) constater vb, remarquer vb

note-pad n, bloc-notes nm

noted adj **for ...**, renommé (-e) adj pour ...

notice n **1** (warning of future action) préavis nm. **2** (on a wall) avis nm. **give notice** (employee to employer), donner vb sa démission; (employer to employee), donner vb son congé

notice vb, remarquer vb

notify vb, informer vb

novelty n, nouveauté nf

null and void, nul (-le) et non avenu (e)

number n **1** (ref no., code, phone) numéro nm. **2** (accounts, results = figure) chiffre nm. **3** (quantity) nombre nm; **number plate** plaque nf minéralogique

number vb, numéroter vb

numerical order, in numerical order, par ordre numérique

o/a, on account of (fin), pour le compte de, à l'acquit de

object n, but nm; **the object of the meeting**, le but de cette réunion

object vb (to), faire vb objection (à)

objection n, objection nf

objective n, objectif nm; **the sales team reached their objectives**, l'équipe de vente a atteint ses objectifs

obligatory adj, obligatoire adj

oblige vb, obliger vb

obsolete adj, dépassé (-e) adj

obstacle n, obstacle nm

obtain vb, obtenir vb; **obtain a diploma in ...**, obtenir vb un diplôme de ...

obtained, qualification obtained in ... (cv), diplôme nm obtenu en ...

occupation n (pers, forms), profession nf

OD, O/D, overdrawn (fin), à découvert.

odd numbers, chiffres nmpl impairs

off-label adj (mktg, sales), dégriffé (-e) adj

offence n (law), infraction nf, délit nm

offer n, offre nf

offer vb, offrir vb, proposer vb

office n, bureau nm; **office block**, immeuble nm de bureaux; **office manager** n, directeur nm de bureau

official adj, officiel (-lle) adj

offset *vb*, compenser *vb*

OHP *n* (mktg, sales), rétroprojecteur *nm*

oil *n* **1** (crude oil) pétrole *nm* brut **oil tanker** (ship), pétrolier *nm*. **2** (lubricant) huile *nf*

O Level, Ordinary Level, ≈ brevet *nm* des collèges

omission *n*, omission *nf*

on demand, payable on demand (fin), payable à vue

on-line (comp) **1** (network) en ligne. **2** (processing) en direct

on the job, sur le tas

one-man business, entreprise *nf* individuelle

one-way street, sens *nm* unique

o/o, order of (fin), à l'ordre de

open *adj*, ouvert (-e) *adj*; **open-ended questions** (mktg, sales), questions non directives; **open house** (company open day), opération *nf* portes ouvertes; **open market**, marché *nm* libre; **open-plan** *adj* (offce), paysagé (-e) *adj*; **open ticket** (t+d), billet *nm* ouvert (recommended term)

open *vb*, ouvrir *vb*; **open the mail** (offce), ouvrir le courrier, dépouiller *vb* le courrier; **open a programme** (comp), ouvrir un programme

opening *n* (of sales point, event), ouverture *nf*

operate *vb* (a machine), faire *vb* fonctionner (une machine)

operated by ... **1** (controls) commandé(-e) par ... **2** (power source) qui marche à ...; **operated by hydraulic pressure**, qui marche à la pression hydraulique

operating budget (fin, accounts), budget *nm* d'exploitation

operating capital (fin), fonds *nmpl* de roulement

operating costs (fin), charges *nfpl* d'exploitation

operating expenses (fin, accounts), charges *nfpl* d'exploitation

operating income (fin), bénéfice *nm* d'exploitation

operating instructions, notice *nf* d'emploi

operating ratio (fin), ratio *nm* d'exploitation

operating system *n* (comp), système *nm* d'exploitation

operations *npl* (of company), activités *nfpl* (d'une société)

operator **1** (telephone) standardiste *nm/f*. **2** (machines) opérateur (-trice) *nm/f*. **3** (tour operator) voyagiste *nm*

operator's manual, manuel *nm* d'instructions

opportunity *n* **1** (gen) occasion *nf*. **2** (mktg, sales) créneau *nm*

optimum *adj*, optimum *adj*

option *n*, option *nf*

optional *adj* **1** (gen) optionnel (-le) *adj*. **2** (product description) en option; **alloy wheels are optional**, les jantes en alliage sont en option. **3** (choice of action) facultatif (-tive) *adj*; **cancellation insurance is optional**, l'assurance contre l'annulation est facultative

OR, owner's risk (ins), aux risques et périls du propriétaire

order *n* **1** (sales), commande *nf*; **order book**, carnet *nm* de commandes; **order form**, bon *nm* de commande. **2** (sorting etc) ordre *nm*; **in order** (in the right place), en ordre; **in alphabetical order**, par ordre alphabétique; **in the order of ...** (roughly), de l'ordre de ...

out of order (working order) **1** (machines) en panne. **2** (telephone) en dérangement

order *vb*, commander *vb*

ordinary adj, ordinaire adj

ore n, minerai nm

organic adj, biologique adj; **organic products**, produits biologiques

organisation n 1 (association etc) organisme nm. 2 (organising something) organisation nf; **organisation chart**, organigramme nm

organise vb ..., organiser vb, faire vb le nécessaire (pour ...)

origin n, origine nf

original adj 1 (unusual) original (-e) adj. 2 (first) initial (-e) adj; **original equipment**, équipement nm d'origine

other adj (forms, cv), divers adj

out of stock, épuisé (e) adj

outbid vb ..., surenchérir vb sur ...; **they outbid XYZ Plc**, ils ont surenchéri sur XYZ Plc

outcome n, résultat nm

outlay n (initial capital spent), mise nf de fonds

outlet n (mktg, sales), débouché nm

outline vb ... (a plan), exposer vb les grandes lignes de ...

outlook n (the future), perspective nf; **the outlook is good**, les perspectives sont bonnes

outperform vb (...), donner vb de meilleures performances / résultats (que ...)

outplace vb (pers), mettre vb au chômage nm

outplacement n (pers), licenciement nm

output n 1 production nf. 2 rendement nm

outsell vb ..., vendre vb plus que

outside use, usage nm extérieur

outsider n, étranger nm

outsourcing n, soustraitance nf

outstanding adj 1 (quality), remarquable adj. 2 (fin) **outstanding payment** (unpaid), paiement nm en souffrance

out tray n (offce), courrier nm départ

over ... prep (above), au-dessus de ...; **over 10%**, au-dessus de 10%; **over target**, au-dessus des objectifs

overbook vb, surréserver vb

overcapacity n, surcapacité nf

overcharge vb, faire vb payer trop cher

overdraft n, découvert nm

overdue adj, en retard; **overdue account**, compte nm en souffrance

overheads npl, frais nmpl généraux

overload vb, surcharger vb

overlook vb 1 (look down on) donner vb sur. 2 (forget) oublier vb, ne pas remarquer vb

overpayment n (fin), trop-perçu nm

overprice vb (mktg, sales), mettre vb à un prix excessif

overtime n, heures nfpl supplémentaires; **work overtime**, faire des heures supplémentaires

owe vb, devoir vb

own brand (mktg, sales), marque nf de distributeur

own vb 1 (gen) avoir vb. 2 (formal) être vb propriétaire de ...

owner n, propriétaire nm

owner's equity to debt, ratio nm de solvabilité

P

pa, per annum, par an

pack n (mktg, sales), paquet nm

pack vb (imp/exp), emballer vb

package n **1** (transport, post) paquet nm, colis nm. **2** (mktg, sales) emballage nm. **3** (comp) progiciel nm. **4** (financial package) montage nm financier. **5** (purchase of set of services or facilities from one vendor) achat groupé nm (recommended term); **package tour,** voyage nm organisé

packaging n (mktg, sales), conditionnement nm

packed (imp/exp), emballé (-e) adj; **packed in ...,** emballé (-e) dans ...

packet n (mktg, sales) **1** (gen) paquet nm. **2** (bag containing small, measured amount of contents) sachet nm

packing note/list (imp/exp), lettre nf d'accompagnement, note nf de colisage

P + D, pick-up and delivery (imp/exp, t+d), enlèvement nm et livraison

pad, writing pad, bloc-notes nm

padded adj (imp/exp), rembourré (-e) adj

pager n, récepteur nm de poche, 'bip' nm, alphapage nm (maker's name)

paging n (communications), recherche nf de personne (recommended term)

paid in advance (fin), payé (-e) à l'avance

paid on delivery (fin), paiement nm à la livraison

paid-up capital (fin), capital nm versé

pallet n (t+d), palette nf

palletise vb (t+d), palettiser vb

palletisation n (t+d), palettisation nf

paper clip n (offce), trombone nm

paper n **1** (newspaper) journal nm. **2** (eg to write on) papier nm

paperwork n **1** (admin) travail nm administratif. **2** (documents, forms etc) documents nmpl

par (stock market), pair nm; **above par** (stock market), au-dessus du pair; **below par** (stock market), au-dessous du pair

parcel n (offce, t+d), colis nm

parent company, société nf mère

park vb , se garer vb

part n **1** (spare part) pièce nf de rechange. **2** (component) composant nm; **3** (part of, incomplete), partiel (-le) adj; **part delivery** (t+d), livraison nf partielle; **part load** (t+d), charge nf incomplète, chargement nm partiel; **part payment**, règlement nm partiel; **part time** (pers), à temps partiel

participate vb (in ...), participer vb (à ...)

particular average (ins), avarie nf particulière

partner n, partenaire nm

partnership n, partenariat nm

pass vb **1** (overtake), doubler vb. **2** (tests) réussir **pass** vb **an exam,** réussir vb un examen

passenger n, passager nm

password n (comp), mot nm de passe

past adj (former), ancien (-ne) adj

past n, passé nm

paste vb (comp), coller vb

patent n, brevet nm

patented adj, breveté (-e) adj

pattern n **1** (design, ornamentation) motif nm. **2** (model) modèle nm

pay n, salaire nm

pay vb **1** (gen), payer vb; **pay back** (fin), rembourser vb; **pay cash**, règler vb au comptant; **pay for itself** (fin), s'amortir; **the machine will pay for itself in 2 years**, la machine s'amortira en deux ans; **pay in money**, verser vb (de l'argent); **pay into an account** (fin), verser vb sur un compte **2** (visit) **pay a visit** (to ...), rendre vb visite (à ...)

payable adj (fin), payable adj

payee n, bénéficiaire nm

payload n (t+d), charge nf utile

payment n (fin), réglement nm; **payment against documents** (fin), règlement nm contre documents; **payment in instalments** (fin), paiement nm à tempérament; **payment on delivery** (mktg, sales), livraison nf contre remboursement/ paiement nm à la livraison

payphone n, téléphone nm public

payroll n (fin), masse nf salariale

PC, personal computer, ordinateur nm personnel, micro-ordinateur nm; **PC operator** n (offce), opérateur (-trice) nm/f

p/e ratio (fin), rapport nm cours/ bénéfice

peak n (results), sommet nm

peak vb (gen, fin), atteindre vb un sommet

peg vb **prices** (mktg, sales), indexer vb les prix

penalize vb, pénaliser vb

penalty n, pénalité nf

pencil n, crayon nm; **pencil sharp-**

ener n (offce), taille-crayon nm

pending ... prep (a decision), en attendant ... (une décision)

pending adj (tray) courrier nm en attente

pension n, retraite nf; **pension scheme**, régime nm de retraite

per prep, (year, month, ton), par (an, mois, tonne); **per year**, par an

percentage n, pourcentage nm

performance n (of company), résultat nm; **performance bonus** (pers), ≈ prime nf d'intéressement (linked to performance of company); **performance-related pay** (pers), salaire nm lié à la performance

period n, période nf; **period of probation** (pers), période nf d'essai

peripherals npl (comp), périphériques nmpl

perishable adj, périssable adj

perks npl (pers), avantages nmpl en nature

permanent adj, permanent (-e) adj

permit vb, permettre vb

personal adj, personnel (-le) adj; **personal assistant** (pers), ≈ secrétaire nm/f de direction; **personal computer**, ordinateur nm personnel; **personal details** (forms, cv), état nm civil; **personal organiser** n (paper-based), agenda nm à feuilles mobiles; **personal property** (customs), biens nmpl personnels; **personal secretary** (pers), secrétaire nm/f personnel (-le)

personalised adj (mktg, sales), personnalisé (-e) adj

personnel n **1** (staff) personnel nm, employés nmpl. **2** (department) personnel nm; **personnel manager**, directeur nm du personnel

PERT (fin), la méthode PERT

petrol n, essence nf

pharmaceutical industry n, industrie nf pharmaceutique

pharmaceuticals npl, produits nmpl pharmaceutiques

phase n, phase nf

phase vb **in**, introduire vb par étapes

phasing n, phasage nm

PhD, Doctorate, ≈ doctorat nm

phone n, téléphone nm; **phone card**, carte nf téléphonique, télécarte nf; **phone number** numéro nm de téléphone

phone vb, téléphoner vb

photocopier n, photocopieuse nf

photocopy n, photocopie nf

photocopy vb, photocopier vb

pick vb **1** (choose) choisir vb. **2** (pick a crop) cueillir vb

pick vb **up 1** (a load) (t+d) prendre vb (une charge), enlever vb (une charge). **2** (eg sales, profits, economy) reprendre vb; **sales picked up in the second quarter**, les ventes ont repris au deuxième trimestre

picket n (pers), piquet nm; **strike picket**, piquet nm de grève

picket vb (pers), mettre vb des piquets de grève

pie chart (fin), 'camembert' nm, graphique nm à secteurs (formal)

piggyback vb (t+d), ferrouter vb

pile vb **up** (t+d), empiler vb

pilfering n (imp/exp), chapardage nm

place vb **an order** (mktg, sales), passer vb commande

placement, work placement (education), stage nm en entreprise

plan n **1** (gen) projet nm. **2** (drawing) plan nm

plan vb (gen, fin), projeter vb

planner n (offce), planning nm

planning n, planification nf

plant n **1** (factory) usine nf. **2** (production unit) installation nf. **3** (number of large machines eg earthmoving machines) équipement nm

plastic n, plastique nm

plate vb, plaquer vb

platform n **1** (railway) quai nm. **2** (comp) plate-forme nf

Plc, plc, public limited company, SA, société nf anonyme

plot, building plot n, terrain nm à bâtir

plug vb **in** (comp), connecter vb

plummet vb (gen, fin), s'effondrer vb, tomber vb en chute libre

plunge vb (figures, rates), chuter vb

PM, Prime Minister, Premier Ministre nm

poach vb **1** (gen, mktg, sales) braconner vb. **2** (recruitment) débaucher vb

POD, pay on delivery (t+d, mktg, sales), paiement nm à la livraison

POE (imp/exp) **1 port of embarkation**, port nm d'embarquement, port nm de chargement. **2 port of entry**, port nm d'entrée

point, decimal point, virgule; **23 point zero three (23.03)**, vingt trois virgule zéro trois (23, 03)

pointer n **1** (sign) indicateur nm. **2** (presentations etc) baguette nf

police n (law), police nf

policy n **1** (gen) politique nf. **2** (ins) police nf d'assurance

poll n, sondage nm

poll vb (opinion), sonder vb

pollute vb, polluer vb

pollution n, pollution nf

pool *n* (swimming), piscine *nf*

pool *vb*, mettre *vb* en commun; **pool equipment**, mettre l'équipement en commun

poor quality (imp/exp), de qualité *nf* inférieure

popular *adj* (goods), recherché (-e) *adj*

population *n*, population *nf*

port *n*, port *nm*; **port of call**, escale *nf*; **port charges**, frais *nmpl* de port; **port of entry**, port *nm* d'entrée

portable *adj*, portable *adj*

portfolio *n*, portefeuille *nm*

POS advertising (mktg, sales), publicité *nf* sur le lieu de vente

position *n*, position *nf*; **to be** *vb* **in a position to ...**, être *vb* en mesure de ...

post *n* **1** (letters delivered) courrier *nm*. **2** (job, position) poste *nm*. **post code** *n*, code *nm* postal; **post office**, bureau *nm* de poste

post *vb* **1** (letter) poster *vb*. **2** (accounts) porter, porter *vb* un chiffre sur le compte

postage *n* (rate), tarif *nm* postal

poster *n* (mktg, sales), affiche *nf*; **poster campaign**, campagne *nf* d'affichage

postman *n*, (offce, gen), facteur *nm*

postmark *n*, cachet *nm* de la poste

postpone *vb*, reporter *vb*

potential *adj*, potentiel (-le) *adj*

power *n* (of system), puissance *nf*; **power cut** (gen, comp), panne *nf* de courant; **power point** (mktg, sales), prise *nf* de courant

powerful *adj*, puissant (-e) *adj*

PR, port risks (ins), risques *nmpl* de port.

practise *vb* **1** (gen) s'entraîner *vb*. **2**

(profession) exercer *vb*

precedent *n*, précédent *nm*

precision casting *n* moulage *nm* de précision.

prefer *vb*, préférer *vb*

preference *n*, préférence *nf*

premises *n*, locaux *nmpl*; **on the premises**, sur place, sur les lieux

premium *n* (ins), prime *nf*

prepacked *adj*, préemballé (-e) *adj*

prepaid *adj* (fin), payé (-e) *adj* d'avance

prescription *n* (medical), ordonnance *nf*

present *n*, cadeau *nm*

present *vb*, présenter *vb*; **present a bill for acceptance** (fin), présenter *vb* un effet à l'acceptation

presentation *n*, presentation *nf*; **make a presentation** (give talk about product, company etc), faire *vb* une présentation; **presentation pack** (mktg, sales), présentoir *nf*

president *n* (pers), président *nm*

press *n* (mktg, sales), presse *nf*

pressure *n*, pression *nf*

price *vb* **at ...**, tarifer *vb* ...

price cut (eg special offer), rabais *nm*

price/earnings ratio (fin), rapport *nm* cours/bénéfice, coefficient *nm* de capitalisation des résultats CCR

price freeze (fin), gel *nm* des prix

price list, tarif *nm*

pricing policy, politique *nf* des prix

prime time (mktg, sales), heures *nfpl* de grande écoute

print *vb*, imprimer *vb*; **print** (off/out) (comp), imprimer *vb*; **please print** (form-filling), veuillez écrire *vb* en lettres d'imprimerie, veuillez écrire *vb* lisiblement

printer *n* **1** (comp) imprimante *nf*

2 (occupation) imprimeur *nm*

printing *n*, imprimerie *nf*

print-out *n* (comp), listing *nm*, listage *nm*; **make a print-out** (comp), faire *vb* un listing, faire *vb* une copie papier

priority *n*, priorité *nf*

private *adj*, privé (-e) *adj*; **private limited company**, société *nf* à responsabilité limitée

privatise *vb*, privatiser *vb*

prize *n*, prix *nm*; **prize draw**, tirage *nm* (des prix)

pro forma, pro forma; **pro forma invoice**, facture pro forma

procedure *n*, procédure *nf*

proceeds *npl* (accounts), produit *nm*

process *vb*, traiter *vb*; **process an order**, exécuter *vb* une commande

processing *n*, traitement *nm*

produce *n*, produit *nm*

produce *vb*, produire *vb*

producer *n*, producteur *nm*

product *n*, produit *nm*; **product benefits** (mktg,sales), avantages *nmpl* du produit; **product designer** *n* (designs outer appearance), créateur *nm* industriel, stylicien *nm*, stylicienne *nf* (recommended term); **product liability** *n* (law), responsabilité *nf* du fabricant/ responsabilité *nf* de l'importateur; **product line**, ligne *nf* de produits; **product manager** (pers), directeur *nm* de produit

production *n*, production *nf*; **production cost**, coût *nm* de la production; **production line** *n*, chaîne *nf* de production

productivity bonus (pers), prime *nf* à la production

professional *n*, professionnel *nm*; **professional experience** (cv), expérience *nf* professionnelle

profile *n* (gen, pers), profil *nm*

profit *n*, bénéfice *nm*; **profit/earnings per share** (fin), bénéfice *nm* par action, CCR, coefficient *nm* de capitalisation des résultats; **profit margin**, marge *nf* bénéficiaire; **profit-related pay** (pers), prime *nf* de participation aux bénéfices (legal requirement for French companies with over 50 employees); **profit sharing** (pers), intéressement *nm* aux bénéfices, participation *nf* aux bénéfices (optional for French companies)

profitability *n*, rentabilité *nf*

profitable *adj*, rentable *adj*

programmer *n* (comp), programmeur *nm*, programmeuse *nf*

programme *vb* (comp), programmer *vb*

progress *n*, progrès *nm*; **make progress**, faire *vb* des progrès

prohibit *vb*, interdire *vb*

project *n*, projet *nm*; **project manager** (pers), directeur *nm* de projet

project *vb* (fin), projeter *vb*

promise *vb* (to), promettre *vb* (de)

promote *vb* **1** (somebody) (pers), donner *vb* de l'avancement (à quelqu'un) **2** (something) (mktg, sales), faire *vb* la promotion de quelque chose, promouvoir *vb* quelque chose

promoted *adj* (eg to better job), promu (-e) *adj*

promoter *n* (starts businesses), lanceur *nm* d'affaires

promotion *n* (mktg, sales), promotion *nf*

property *n*, propriété *nf*; **property developer**, promoteur *nm* immobilier

proposal *n* (meetings etc), proposition *nf*

propose *vb*, proposer *vb*

proposition *n*, proposition *nf*

prospect *vb* (mktg, sales), prospecter *vb*

prove *vb*, démontrer *vb*

provision *n* (fin), ≈ dotation *nf*, provision *nf*

provisional *adj* (fin), provisoire *adj*

proviso *n* (law), clause *nf* conditionnelle; **with the proviso that ...**, à condition que ...

public *adj*, publique *adj*; **public prosecutor** *n* (law), procureur *nm* de la République; **public relations** (mktg, sales), relations *nf* publiques; **public transport** *n*, transports *nmpl* en commun; **public works** *n*, travaux *nmpl* publics, 'les TP'

published accounts (fin), résultats *nmpl* annoncés

publishing industry, édition *nf*

pump *vb* (t+d), pomper *vb*

purchase *vb*, acheter *vb*

purchase price (fin), prix *nm* d'achat

purchaser *n*, acheteur *nm*

purpose *n*, objet *nm*

put *vb*, mettre *vb*; **put off** (a meeting), reporter *vb* (une réunion); **put up prices**, relever *vb* les prix; **put up a stand** (mktg, sales), monter *vb* un stand

qualifications *npl* (cv), diplômes *nmpl*

qualified acceptance, acceptation *nf* sous réserve

qualify *vb* **for ...** (a job), posséder *vb* les qualités requises pour ... (un poste)

quality *n*, qualité *nf*; **quality circle** (pers), cercle *nm* de qualité; **quality control** contrôle *nm* de qualité

quantity *n*, quantité *nf*

quarter *n* **1** (gen) quart *nm*. **2** (fin) trimestre *nm*. **3** (part of town) quartier *nm*; **the business quarter**, le quartier d'affaires

quarterly *adj*, trimestriel (-le) *adj*

quay *n* (t+d), quai *nm*

query *vb* (an order, a figure), poser *vb* des questions (sur une commande, un chiffre)

questionnaire *n* (mktg, sales), questionnaire *nm*

quickly *adv*, rapidement *adv*

quota *n* (imp/exp), contingent *nm*

quotation quote *n* (quoted price for contract), devis *nm*

quote *vb* **1** (a figure, a name), citer *vb* (un chiffre, un nom). **2** (prices, rates) indiquer/donner *vb* (un prix); **quote a price** indiquer *vb* un prix informal; **make a written quotation** établir *vb* un devis; **quote** *vb* **a rate** (fin), donner *vb* un taux

quoted on the stock exchange, coté(-e) *adj* en bourse

R

R and D, Research and Development, recherche *nf* et développement

radio *n*, radio *nf*; **on the radio**, à la radio; **radio pager**, récepteur *nm* de poche

radio *vb* **1** (send a message) émettre *vb* un message par radio. **2** (contact) contacter *vb* par radio

rail, by rail (t+d), par voie *nf* ferrée

railway *n* (t+d), chemin de fer *nm*

raise *vb* prices, relever *vb* les prix

RAM *n* (comp), mémoire *nf* vive, mémoire *nf* à accès direct

range *n* **1** (of goods) gamme *nf*. **2** (of vehicle or machine) rayon *nm* d'action

rapid delivery (t+d), livraison *nf* rapide

rate *n*, taux *nm*; **rate card** (mktg, sales), tarif *nm* annonces; **rate of exchange**, taux *nm* de change; **rate of interest**, taux *nm* d'intérêt; **rate of return**, rentabilité *nf* financière; **at the rate of ...1** au taux de ... **2** à la cadence de ...

ratings (TV, radio), indice *nm* d'écoute

ratio *n* (maths), ratio *nm*

ration *vb*, rationner *vb*

rationalisation *n* (pers), restructuration *nf*

raw materials (fin), matières *nfpl* premières

reach *vb* (eg a level), atteindre *vb*;

reach an agreement, parvenir *vb* à un accord; **reach break-even** (fin), atteindre *vb* le seuil de rentabilité

readership *n* (number of readers), nombre *nm* de lecteurs

ready for use, prêt à l'emploi

reassess *vb*, réévaluer *vb*

rebate *n* (mktg,sales) **1** (money back) remboursement *nm*. **2** (discount) rabais *nm*

receipt *n* **1** (document) reçu *nm*. **2** (delivery of goods) réception *nf*

receipted invoice, facture *nf* acquittée

receive *vb* **1** (gen) recevoir *vb*. **2** (radio, TV) capter *vb*

receiver *n* (law, fin), administrateur *nm* judiciaire

reception *n* **1** (reception desk), réception *nf*; **reception area** hall *nm* de réception. **2** (drinks, snacks), cocktail *nm*, vin *nm* d'honneur

receptionist *n*, réceptionniste *nm/f*

recharge *vb* (eg batteries for laptop), recharger *vb* (les batteries d'un ordinateur portatif)

reciprocal *adj*, réciproque *adj*

recognise *vb*, reconnaître *vb*

recommend *vb*, recommander *vb*

recommended price (fin), prix *nm* conseillé

record (of) *n* **1** (offce), trace *nf* (de); **we have no record of your letter**, nous ne trouvons pas trace de votre lettre. **2** *n* (best), record *nm*

record *vb* **1** (electronically) enregistrer *vb*. **record a message** (answerphone), enregistrer *vb* un message; **recorded message** message *nm* enregistré **2** (write down, make a note of) noter *vb*.

records *n* (offce), archives *nfpl*

recruit *vb* (pers), recruter *vb*

recruitment n (pers), recrutement nm

recycle vb, recycler vb

recycling n, recylage nm

red, to be vb **in the red** (fin), être vb dans le rouge

reduce vb (by), réduire vb (de/en); **we have reduced our prices by 10%**, nous avons réduit nos prix de 10%; **we have reduced costs by using ...**, nous avons réduit les frais en utilisant ...

reduction n, réduction nf; **price reduction**, baisse nf de prix

redundancy n (pers), licenciement nm

redundant adj (pers), licencié (-e) adj; **to make** vb **redundant**, licencier vb

refer vb **to ...**, se référer vb à ...

references npl (job applications), références nfpl (candidatures)

refine vb, raffiner vb

refrigerated adj, frigorifique adj; **refrigerated container** (imp/exp), conteneur nm frigorifique; **refrigerated lorry** (t+d), camion nm frigorifique; **refrigerated storage** (t+d), entreposage nm frigorifique

refuel vb (eg ship, plane), ravitailler vb en combustible

refund vb, rembourser vb

refuse vb, refuser vb

regional manager, directeur nm régional

registered capital (fin), capital nm social

registered office, siège nm social

registration form (exhibitions etc), dossier nm d'inscription

registration number, numéro nm d'immatriculation

regret vb, regretter vb

regulations npl, réglement nm

reimburse vb, rembourser vb

reinforced adj (imp/exp), renforcé (-e) adj; **reinforced with ...**, renforcé (-e) de ...

reject vb, rejeter vb

related charges (fin), charges nfpl connexes

relationship n, rapport nm, relation nf

release vb (the goods) (imp/exp), libérer vb (les marchandises)

relevant adj (eg details, facts), approprié (-e) adj

reliability n (of a product), fiabilité nf (d'un produit)

reliable adj, fiable adj

relocate vb (move premises), déménager vb

rely vb **on**, dépendre vb de

remind vb, rappeler vb; **I must remind you that ...**, je dois vous rappeler que ...

reminder n, rappel nm; **reminder letter**, lettre nf de rappel

remit vb (send money), verser vb

remittance n (fin), versement nm

remote control n, télécommande nf, commande nf à distance

renew vb, renouveler vb

rent n (money paid), loyer nm

rent vb, louer vb; **rent a stand** (mktg, sales), louer un stand; **rent stand space** (mktg, sales), louer un espace

rental n, location nf

reorganise vb, réorganiser vb

repair n, réparation nf

repair vb, réparer vb

replace vb (gen, ins), remplacer vb

reply n réponse nf; **reply coupon**

(mktg, sales), coupon *nm* de réponse

reply *vb* (to), répondre *vb* (à); **reply to a job advertisement**, répondre à une annonce d'emploi

report *n* (on ..., about ...), rapport *nm* (sur ...)

report *vb* **on ...**, faire *vb* un rapport sur ...

report *vb* **to 1** (inform someone of an event) signaler *vb*; **I will report the accident to our insurers**, je signalerai l'accident à nos assureurs. **2** (report to superior) dépendre *vb* de ...

reputable *adj*, de bonne réputation

reschedule *vb* **1** (fin, repayments) rééchelonner *vb*. **2** (eg modify a plan) modifier *vb*

research and development, recherche *nf* et développement

reservation *n*, réservation *nf*

reserve *vb*, réserver *vb*

resign *vb* (a post), démissionner *vb*

responsible for ... (pers), responsable de ...

restock *vb*, réapprovisionner *vb*

restructuring *n* (pers), restructuration *nf*

results *npl* (fin), résultats *nmpl*

retail *n* (sales), (vente au) détail *nm*; **retail bank** (fin), banque *nf* de détail (recommended term); **retail price** (fin), prix *nm* de détail; **retail trade**, commerce *nm* de détail

retail *vb*, détailler *vb*

retailer *n*, détaillant *nm*

retire *vb* (pers), partir *vb* en retraite

retraining *n*, recyclage *nm*

return *vb* **1** (eg goods to supplier), rendre *vb*. **2** (send back) renvoyer *vb*

return on investment (fin), ratio *nm* de rentabilité

return ticket, aller-retour *nm*

revenue *n* (fin), produit *nm*

reverse *vb* **1** (a trend), inverser *vb*; **the trend has reversed**, la tendance s'est inversée. **2** (a car) faire *vb* marche/faire *vb* machine arrière

reverse-charge call, appel *nm* en PCV

revise *vb*, réviser *vb*; **revise down**, réviser à la baisse

revival *n* (fin, trends), reprise *nf*; **a revival in sales**, une reprise des ventes

revolving credit (fin), crédit *nm* permanent

revolving letter of credit (imp/exp), lettre *nf* de crédit renouvelable

rider *n* (law), clause *nf* additionnelle

rights issue (fin), émission *nf* de droits de souscription

ring *vb* **1** (phone) téléphoner *vb*. **2** (make a ring round) entourer *vb*

ring binder *n* (offce), classeur *nm* à anneaux

risk *n* (ins), risque *nm*

rival *n*, concurrent *nm*

road *n* (t+d), route *nf*; **road haulage** (t+d), transport *nm* routier

rob *vb* (law), dévaliser *vb*, voler *vb*

robot assembly *n*, montage *nm* par robot

rolled steel, acier *nm* laminé

ROM (comp), mémoire *nf* morte

roro, roll-on, roll-off (imp/exp, t+d), ro-ro, roulage *nm*, chargement-déchargement *nm*

roughly *adv* (approximation), en gros

roundabout *n*, rond-point *nm*

routage n (t+d), routage nm

route n, itinéraire nm

routing n (t+d), routage nm

row n **of ...**, rangée nf de ...; **in a row**, en ligne

rubber n **1** (board rubber) effaceur nm. **2** (offce) gomme nf

rule n, règle nf

run vb (department, company), diriger vb (un service, une société); **run out of fuel**, tomber vb en panne de carburant; **run a programme** (comp), exécuter vb un programme

running/operating expenses (fin), frais nmpl opérationnels, frais nmpl d'exploitation

running costs npl, frais nmpl de fonctionnement

rush hour, heure nf de pointe

rust vb, rouiller vb

S

sack n (imp/exp), sac nm

sack vb (staff), mettre vb à la porte (strong!)

SAD, single administrative document (imp/exp), DAU, document nm administratif unique (rare)

SAE, stamped addressed envelope, enveloppe nf timbrée pré-adressée

safe adj, sûr (-e) adj

safe n (offce, banks), coffre-fort nm

safeguard vb, sauvegarder vb

safety n, sécurité nf; **safety standards**, normes nfpl de sécurité

sag vb **1** (results, trends) fléchir vb. **2** (shelves, materials) s'affaisser vb

sail vb **1** (leave port) appareiller vb. **2** (hobby, sailing) faire vb de la voile

salaried adj (pers), salarié (-e) adj

salary n, salaire nm

sale n **1** (gen) vente nf; **sale by tender**, vente nf par soumission; **sale or return**, en dépôt, reprise nf des invendus; **for sale**, à vendre; **on sale**, en vente. **2** (eg Autumn Sale) soldes nmpl

sales n, achat nm, vente nf; **sales chart**, courbe nf des ventes; **sales department** (pers), service nm des ventes; **sales engineer** (mktg, sales), ingénieur nm des ventes technico-commercial nm; **sales figure**, chiffre nm des ventes; **sales force** (mktg, sales), force nf de vente; **sales forecast** (mktg, sales), prévisions nfpl de ventes; **sales incentive** (mktg, sales), stimulation *nf* (à la vente); **sales manager** (mktg, sales), directeur *nm* commercial, directeur *nm* des ventes; **sales outlet** (mktg, sales), point *nm* de vente; **sales point** *n* (mktg, sales), point *nm* de vente; **sales promotion** (mktg, sales), promotion *nf* des ventes

salesgirl *n*, vendeuse *nf*

salesman *n*, vendeur *nm*

sample *n* (mktg, sales), échantillon *nm*; **not up to sample**, ne répond pas à l'échantillon

sample *vb* (mktg, sales) **1** (gen) échantillonner *vb*. **2** (try food product) essayer *vb*. **3** (opinion) **sample** *vb* **opinion** (mktg, sales), faire *vb* un sondage

sampling *n* (mktg, sales), échantillonnage *nm*

satellite TV (mktg, sales), TV *nf* par satellite

satisfy *vb*, satisfaire *vb*; **satisfy conditions**, remplir *vb* les conditions

saturate *vb*, saturer *vb*

save *vb* **1** (data), sauvegarder *vb* (des données). **2** (reduce expenditure, use less of something), économiser *vb*; **save electricity**, économiser de l'électricité. **3** (money) (obtain something for less than expected price), faire une économie; **save £3000 on the cost of materials**, faire une économie de £3000 sur le coût des matériaux. **4** (put money into a savings account), épargner *vb*

scale *n*, échelle *nf*; **scale of charges** *n* (fin), barème *nm*

scanner *n*, scanneur *nm*

scarce *adj*, rare *adj*

schedule *n*, programme *nm*

schedule *vb* **1** (plan series of events) programmer *vb*. **2** (meetings) prévoir *vb*; **the next meeting is scheduled for ...**, la prochaine réunion est prévue pour ...

scheduled flight, vol *nm* régulier

scheme *n* (plan), projet *nm*, plan *nm*; **pension scheme**, plan *nm* de retraite

scissors *n*, ciseaux *nmpl*

scrap *vb* (plan, product), abandonner *vb*

scrap iron, ferraille *nf*

screen *n* (gen, comp), écran *nm*

screw *vb*, visser *vb*

sea *n*, mer *nf*; **by sea**, par voie maritime

seal *vb* **1** (imp/exp) sceller *vb*. **2** (law) (seal legal document) apposer *vb* des scellés

sealed *adj* (imp/exp), scellé (-e) *adj*

season *n*, saison *nf*; **the busy season**, la pleine saison; **the quiet season**, la saison morte

seasonal *adj*, saisonnier (-ière) *adj*; **seasonal employment**, emploi *nm* saisonnier

second *vb* **an idea, a proposal**, apporter *vb* son soutien à une proposition

second *vb* **a motion** (meetings), appuyer *vb* une motion

secret *adj*, secret (-ète) *adj*

secretary *n*, secrétaire *nm/f*

sectorial *adj* (economics), sectoriel (-le) *adj*

secure *vb* **an order**, obtenir *vb* une commande

security *n* **1** (gen) sécurité *nf*. **2** (stock market) titre *nm*. **3** (fin, for loan) caution *nf*; **security deposit** (fin), caution *nf*

see *vb*, voir *vb*; **see to something**, s'occuper *vb* de quelque chose

segment, market segment (mktg, sales), segment *nm* de marché

segmentation *n* (mktg, sales), segmentation *nf*

seize vb, saisir vb

select vb, sélectionner vb

self-financing, auto-financement nm

self-service, libre-service nm, 'self'
nm

sell vb, vendre vb; **sell off** (eg surplus
stock), liquider vb

seller n, vendeur nm

semi-detached house, maison nf
jumelée

send vb (to), envoyer vb (à); **send** vb
back, renvoyer vb; **send** vb **off**
(letter, parcel), envoyer vb

sender n, expéditeur nm

senior executive, cadre nm
supérieur

senior partner, associé nm principal

sensitive adj, sensible adj; **be sensi-
tive to ...**, être vb sensible à ...

sentence n (law), jugement nm

separate vb (eg copies), détacher vb
(les exemplaires)

serial number, numéro nm de série

series n, série nf

service contract (mktg, sales), con-
trat nm d'entretien

service industries, industries nfpl
des services

servicing n, entretien nm

set of documents, jeu nm de docu-
ments

setback n, revers nm

settle vb **a bill** (fin), régler vb une
facture

settle vb **a disagreement/dispute**,
régler vb un différend

settlement n (fin), réglement nm

several adv, plusieurs adv

shade n (colour), teinte nf, coloris
nm

share n **1** (share of) part nf. **have a**

share of the market (mktg,
sales), détenir vb une part du
marché. **2** (shareholding) action nf;
share certificate (fin), titre nm
d'action; **share option scheme,
share ownership scheme** (pers),
plan d'actionnariat salarial; **share
warrant**, ≈ titre nm d'action;

shareholder n (fin) **1** actionnaire nm
(refers to shareholding in one par-
ticular company). **2** (gen) 'porteur
de titres'

sharp rise/fall, nette augmentation
nf/nette baisse nf

shed vb **a load** (t+d), déverser vb un
chargement

shelf space (mktg, sales), linéaire nm

shell scheme (mktg, sales), stand nm
aménageable par l'exposant

shelve vb **a project**, mettre vb un
projet en suspens

shelving n **1** (gen) étagères nfpl. **2**
(shops, warehouses) rayonnage nm

shift manager, chef nm d'équipe

ship n (t+d), navire nm; **ship's
papers**, documents nmpl de bord

ship vb **1** (send off) expédier vb. **2**
(load) charger vb

shipbuilding n, construction nf
navale

shipment n, envoi nm

shipped bill of lading (imp/exp),
connaissement nm à bord

shipper (t+d) **1** chargeur nm. **2**
expéditeur nm

shipping agent (arranging transport)
(t+d), agent nm, transitaire nm

shipping documents (imp/exp,
t+d), documents nmpl d'expédition

shipping instructions (t+d),
instructions nfpl pour expédition

shock-proof adj, à l'épreuve des
chocs

shop n, magasin nm

shop-soiled adj, défraîchi (-e) adj

shopping centre (mktg, sales), centre nm commercial

short adj 1 (not long), court (-e) adj; **short-term contract** (pers), contrat nm de courte durée; **short form** (bill of lading) (imp/exp), connaissement nm abrégé nm (recommended term). 2 (incomplete) **short delivery**, livraison nf incomplète; **short shipment** (imp/exp), quantité nf, insuffisante. 3 (lacking) **to be short of ...**, être vb à court de ...

shortage of ..., manque nm de ...

shorthand n, sténo nf; **shorthand notes** n, notes nfpl en sténo; **shorthand typist** n (offce), sténodactylo nm/f

show vb, montrer vb

shrink vb, rétrécir vb

shrink-wrapped (wrapping), sous film plastique thermoformé

shut adj, fermé (-e) adj

shut vb, fermer vb; **shut down** (a company), fermer vb (une société)

shuttle n, navette nf

sick adj, malade adj

side effect, effet nm secondaire

sight n, vue nf; **sight draft** (fin), traite nf à vue

sign vb, signer vb

signature n, signature nf

signed copy (documents), exemplaire nm signé

significant adj 1 (change) considérable adj; **a significant increase**, une augmentation considérable. 2 (facts, events) significatif (-ve) adj; **a significant fact**, un fait significatif

single fare, aller nm simple

single room, chambre nf pour une personne

sit down strike (pers), grève nf sur le tas

site n 1 (gen) site nm. 2 (for machine) emplacement nm. 3 (building site) chantier nm

site vb, implanter vb

situation n, situation nf; **the economic situation**, conjoncture nf

size n 1 (measurements) dimensions nfpl; **what is the size of the load?** quelles sont les dimensions du chargement? 2 (clothes etc) taille nf

skilled worker, ouvrier nm qualifié

skills npl (job applications), compétences nfpl

slacken vb (rates, trends), ralentir vb

slash vb **prices**, casser vb les prix

sleeper n (train), wagon-lit nm, wagon-couchette nm

sleeping partner (fin), commanditaire nm

slide n (presentations etc), diapositive nf, 'diapo' nf; **slide projector** (mktg, sales), projecteur nm de diapositives

slide vb 1 (slip down), glisser vb. 2 (fall behind target) déraper vb. 3 (trends, results) (slip back) se tasser vb

sliding adj (rates), mobile adj; **a sliding scale**, une échelle mobile

slightly adv (gen, fin), légèrement adv; **slightly higher/lower than ...**, légèrement plus élevé/moins élevé que ...

sling n (t+d), élingue nf

slip vb 1 (gen) glisser vb. 2 (trends) (slip back) baisser vb

slip road n, bretelle nf d'accès, route nf d'accès

slippage n, dérapage nm

slogan n (mktg, sales), slogan nm

slot n (mktg, sales), créneau nm;

advertising slot, créneau *nm* publicitaire; **slot machine** 1 (amusement) machine *nf* à sous. **2** (hot drinks etc) distributeur *nm* automatique

slow *adj*, lent (-e) *adj*

slowdown *n*, ralentissement *nm*

slow *vb* **down**, ralentir *vb*

sluggish *adj* (eg sales), morose *adj*

slump *n* (fin), marasme *nm*, crise *nf*

slump *vb* (mktg, sales, rates), baisser *vb* brutalement, s'effondrer *vb*

small ads (mktg, sales), petites *nfpl* annonces

smart card, carte *nf* à puce, carte *nf* à mémoire

SME, Small or Medium Sized Enterprise, PME, Petite ou Moyenne Entreprise *nf*

smuggle *vb*, passer *vb* en fraude

S/N, SN, shipping note (imp/exp), permis *nm* d'embarquement, note *nf* de chargement

snowball *vb*, faire *vb* boule de neige

soar *vb* (sales, rates etc), monter *vb* en flèche

soaring (fin), qui monte (-ent) en flèche

social *adj*, social (-e) *adj*

soft drinks, boissons *nfpl* non alcoolisées

soft furnishings *npl* (mktg, sales), tissus *nmpl* d'ameublement

software *n* (mktg, sales), logiciel *nm*

soiled *adj* (goods), défraîchi (-e) *adj*

sole agent *n* (mktg, sales), agent *nm* exclusif

sole distributor *n* (mktg, sales), distributeur *nm* exclusif

solicitor *n* (law), ≈ conseiller *nm* juridique

solve *vb* **a problem**, résoudre *vb* un problème

sort *n* (comp), tri *nm*

sort *vb* (comp), trier *vb*

soundproof *adj*, insonorisé (-e) *adj*

source *n*, origine *nf*, source *nf*; **deduction at source** (fin), retenue *nf* à la source

sourcing *n*, achat *nm* des composants

space *n* 1 (gen) espace *nm*. **2** (space occupied by something) place *nf*

space *vb* **out**, espacer *vb*

spare parts, pièces *nfpl* de rechange

speak *vb* **about**, parler *vb* (de)

speak *vb* **to**, parler *vb* (à)

special *adj*, spécial *adj*; **special courrier** (t+d), envoi *nm* spécial; **special offer** (mktg,sales) (gen) promotion *nf* (price) prix *nm* promotionnel; **special qualifications** (cv), compétences *nfpl* spéciales; **special terms** (for customer), conditions *nfpl* spéciales

speciality *n*, spécialité *nf*

specialise *vb* (in), se spécialiser *vb* (dans)

specifications 1 (technical features required) cahier *nm* des charges. **2** (description of technical features) spécifications *nfpl*, caractéristiques *nfpl* techniques. **3** (law, contracts) stipulations *nfpl*

specify *vb*, spécifier *vb*

spectacular *adj*, spectaculaire *adj*

speculate *vb*, spéculer *vb*

speed *n*, vitesse *nf*

speed *vb* **up**, accélérer *vb*

spell *vb* **out** (a word), épeler *vb*

spend *vb* 1 (money) dépenser *vb*. **2** (time) passer *vb* du temps (à)

spill *vb*, déverser *vb*; **our lorry has spilt some of its load**, notre camion a déversé une partie de son chargement

spin-off n 1 (negative) retombées nfpl. 2 (positive) résultat nm

split vb (into), diviser vb (en)

spoil vb (affect quality), abîmer vb; **the goods have been spoiled by the damp**, les marchandises ont été abîmées par l'humidité

spokesman n, porte-parole nm

sponsor n (mktg, sales), 'sponsor' nm, commanditaire nm (recommended term)

sponsor vb 1 (mktg, sales) 'sponsoriser' vb, parrainer vb, commanditer vb (recommended term). 2 (government support) patronner vb

sponsored adj (mktg, sales), 'sponsorisé' adj

sponsoring n (mktg, sales), 'sponsoring' nm, parrainage nm

sports centre (mktg, sales), centre nm sportif

spot n (mktg, sales), spot nm publicitaire; **on the spot**, sur place

spray vb 1 (crops) traiter vb. 2 (paint etc) pulvériser vb

spread vb **over**, répartir vb (sur)

spread vb **to** (strikes etc), s'étendre vb à

spreadsheet software (comp), (logiciel) tableur nm

square adj, carré (-e) adj, **square meter**, mètre nm carré

squeeze, credit squeeze, restrictions nfpl du crédit

SS, S/S, ss, s/s, steamship (imp/exp, t+d), navire nm à vapeur, vapeur nm, paquebot. nm

stabilise vb, stabiliser vb

stable adj, stable adj

stack n (t + d), pile nf

stack vb (t+d), empiler vb

stacked adj (t+d), empilé (-e) adj

staff n (pers), personnel nm

stage n (of project), étape nf; **stage payments** (fin), versements nmpl échelonnés; **stage report**, rapport nm d'étape

stagnate vb, stagner vb

stake, to have vb **a stake in the company**, avoir vb une participation dans la société

stake, at stake, en jeu

stamp n, timbre (timbre-poste) nm

stamp vb 1 (put on postage or tax stamp) timbrer vb. 2 (using rubber stamp) tamponner vb

stand n (mktg, sales), stand nm

stand vb (withstand, resist), supporter vb; **the case can stand temperatures of up to 100°C**, le boîtier peut supporter des températures allant jusqu'à 100°C

stand manager (mktg, sales), responsable nm du stand

staple vb (offce), agrafer vb

stapler n (offce), agrafeuse nf

start n, début nm

start vb 1 (gen) commencer vb. **start a campaign**, lancer vb une campagne; **start a company**, créer vb une entreprise. 2 (negotiations) entamer vb (des négociations)

start-up costs (fin), frais nmpl d'établissement

state vb, déclarer vb

statement n, déclaration nf; **statement of account** (fin), relevé nm de compte; **bank statement**, relevé nm bancaire; **statement in court** (law), déposition nf; **financial statement**, bilan nm

station n, gare nf; **station concourse** n, hall nm

stationary adj, stationnaire adj

stationery n, papeterie nf

statistics npl, statistiques nfpl

status n **1** (gen) statut nm. **2** (financial) situation nf financière

statutory adj, statutaire adj

stay n (period of residence), séjour nm

STD code, code nm automatique interurbain (téléphone)

steady adj **1** (regular) régulier (-ière) adj. **2** (stable) stable adj

steal vb (theft), voler vb; **steal market share**, s'emparer vb des parts d'un marché

steam n, vapeur nf

steel n, acier nm

steel industry n, sidérurgie nf

steep rise, forte augmentation nf

step vb **up 1** (speed up) accélérer vb. **2** (eg campaign) intensifier vb

sterling n, livre nf sterling

stick vb (on), coller vb (sur)

sticky label n (offce), étiquette nf autocollante

stipulate vb, stipuler vb

stock n **1** (goods) stock nm; **stock list**, inventaire nm; **stock turnover** (fin), stock rotation, rotation nf des stocks; **in stock** (fin), en magasin; **out of stock**, en rupture de stock. **2** (shares) actions nfpl, titres nmpl; **stock market** (fin), bourse nf; **stock option** (fin), option nf d'achat d'actions; **stock option plan** (fin), plan nm d'options sur titres (recommended term)

stock vb, stocker vb

stockbroker n (fin), agent nm de change

stockist n (mktg, sales), stockiste nm/f

stock-take vb, faire vb l'inventaire

stolen adj (t+d), volé (-e) adj

stop vb **1** (stop doing something)

arrêter vb. **2** (prevent) empêcher vb. **3** (travel, stop at) s'arrêter vb (à). **4** (ships) faire vb escale à ...

stop work (pers), débrayer vb, arrêter vb le travail

stopover n (marine, aviation), escale nf

stoppage n (of work) (pers), arrêt nm (du travail)

storage n (t+d) **1** (own materials) stockage nm; **storage space**, surface nf de stockage. **2** (warehousing service) entreposage nm.

store vb **1** (keep) stocker vb. **2** (keep in warehouse) entreposer vb. **3** (comp) mettre vb en mémoire

stow vb (t+d), arrimer vb

strategy n, stratégie nf

streamline vb (production, a company), rationaliser vb

strength n (materials), résistance nf

strengthen vb, renforcer vb

strengthened adj (imp/exp), renforcé (-e) adj; **strengthened with ...**, renforcé (-e) de ...

stress vb, insister vb (sur)

strict adj (discipline), strict (-e) adj

strike n (pers), grève nf

strike vb (pers), faire vb grève; **go on strike** (pers), se mettre vb en grève

strong room, salle nf des coffres

structural adj, structurel (-le) adj

study vb, étudier vb

style n, style nm

sub-contract vb, sous-traiter vb

sub-contracting n (pers), sous-traitance nf

sub-contractor n, sous-traitant nm

subject n, sujet nm

subject to ... 1 (liable to) risque de ...; **subject to overheating**, risque de surchauffer. **2** (making conditions) sous réserve de. **3** (law) (comes under XYZ Law) soumis à ...

subscribe vb **to** ... (journal, service), s'abonner vb à ...

subscriber n (mktg, sales), abonné nm, abonnée nf

subsidiary n (company), filiale nf

subsidise vb, subventionner vb

subsidy n (fin), subvention nf

sub-standard adj, de qualité inférieure

substitute n (materials), produit nm de remplacement

substitute vb (for) (goods), remplacer vb par; **please substitute plastic for aluminium**, veuillez remplacer le plastique par de l'aluminium

suburb n, banlieue nf

subway n (underpass), passage nm souterrain

succeed vb, réussir vb (à); **he succeeded in** ..., il a réussi à ...

success n, succès nm

sue vb (law), poursuivre vb en justice

suffer vb (from), souffrir vb (de)

suitable adj, qui convient; **a suitable location**, un endroit qui convient

sum n (of money), somme nf (d'argent)

summarise vb, résumer vb

summary n, résumé nm

summons n (law), assignation nf

supermarket n, supermarché nm

superstore n (mktg, sales), ≈ hypermarché nm

supervisor n (pers) **1** (factory, production) contremaître nm. **2** (gen, office) surveillant (e) nm/f

supplementary adj, supplémentaire

adj

supplier n, fournisseur nm

supplies n (fin), fournitures nfpl

supply n (of ...), provision nf de ...; **supply and demand** (fin), l'offre nf et la demande; **supply problems**, problèmes nmpl d'approvisionnement

support n, soutien nm

support vb, soutenir vb, appuyer vb; **support** vb **a proposal**, appuyer vb une proposition

surcharge n **1** (gen) surtaxe nf. **2** (customs) droit nm supplémentaire

surface mail, courrier nm ordinaire

surge protector n (comp), protection nf contre les survoltages

surrender vb (documents), remettre vb (à); **surrender the documents to** ..., remettre les documents à ...; **surrender value** (fin), valeur nf de rachat

survey n, étude nf; **market survey**, étude nf de marché

survey vb **damage** (ins), faire vb une expertise des dégâts

survey vb **the market**, faire vb une étude de marché

suspended payments (fin), cessation nf de paiements

switch n, interrupteur nm

switch vb **off**, éteindre vb, fermer vb

switch vb **on**, allumer vb, mettre en marche

switchboard n (offce), standard nm; **switchboard operator** n (offce), standardiste nm/f

synthetic adj, synthétique adj

system n, système nm

T

table *n* **1** (of figures) tableau *nm*. **2** (furniture) table *nf*

tacit *adj*, tacite *adj*

tackle *vb*, s'attaquer *vb* (à)

tactic *n*, tactique *nf*

tag, price tag 1 (gen) prix *nm*. **2** (label showing price) étiquette *nf* de prix

tail lift truck (t+d), camion *nm* à hayon élévateur

tailor *vb* **to ...**, adapter *vb* en fonction de ...

tailor-made for, parfaitement adapté (-e) pour ...

take *vb* (gen) prendre *vb*; (volume) contenir *vb*; **the tank can take 5000 litres**, le réservoir contient 5000 litres; **take into account**, prendre *vb* en compte; **take back**, reprendre *vb*; **take to court** (law), poursuivre *vb* en justice; **take down a stand** (exhibitions), démonter *vb* un stand; **take an exam in ...**, passer *vb* un examen de ...; **take legal action**, engager *vb* des poursuites (judiciaires); **take a load to ...**, transporter *vb* un chargement à ...; **take notes/minutes**, prendre *vb* des notes/le compte-rendu; **take off**, décoller *vb*; **sales have begun to take off**, les ventes ont commencé à décoller; **take on** (pers), embaucher *vb*; **take out insurance**, souscrire *vb* une police d'assurance; **take over from** (eg Mr X), remplacer *vb*; **Mr Jones has taken over from Mrs Smith in your sector**, M Jones remplace Mme Smith dans votre secteur; **take place**, avoir *vb* lieu; **take steps**, prendre *vb* des mesures; **take up** (an option), lever *vb* (une option) **take over** *n* (of a company), prise *nf* de contrôle (d'une société);

takeover bid (fin), OPA, Offre *nf* Publique d'Achat

talk, to give *vb* **a talk on**, faire *vb* une conférence sur ... (formal), parler *vb* de ... (informal)

talk *vb*, parler *vb*

talks *npl*, négociations *nfpl*

tamper *vb* (with goods), trafiquer *vb*

tangible *adj* (accounts), corporel (-le) *adj*

tank *n* (imp/exp), réservoir *nm*

tanker *n* (t+d) **1** (road) camion *nm* citerne. **2** (sea) navire *nm* citerne. **3** (petrol) pétrolier *nm*. **4** (rail) wagon *nm* citerne

tape *vb* (record), enregistrer *vb*; **tape recorder** magnétophone *nm*

tapering rates, tarifs *nmpl* dégressifs

target, sales target, objectif *nm* des ventes; **target price**, prix *nm* de référence

target *vb* (mktg, sales), cibler *vb*

tarpaulin *n* (t+d), bâche *nf*

task *n*, tâche *nf*

taste *n*, goût *nm*

tax *n* **1** (imp/exp) taxe *nf*. **2** (fin) impôt *nm*, **tax consultant** (fin), conseiller *nm* fiscal; **tax disc** *n* (vehicles), vignette *nf*; **tax-free** (fin), non imposé (-e); **tax relief** (fin), dégrèvement *nm* fiscal; **tax year** *n* (fin), année *nf* fiscale

taxable *adj*, imposable *adj*

taxes *npl* (fin), impôts *nmpl*

team *n*, équipe *nf*

tear *vb* (materials), se déchirer *vb*

teaser *n* (mktg, sales), aguiche *nf*

(recommended term)

technical adj, technique adj; **technical sales representative** (mktg, sales), technico-commercial nm

technician n, technicien nm

technique n, technique nf

technology n, technologie nf

telegraphic address n, adresse nf télégraphique

telemarketing nm, démarchage nm par téléphone

telephone n, téléphone nm; **telephone sales**, vente nf par téléphone

telephone vb, téléphoner vb (à)

teleprinter n, téléscripteur nm

telesales n (mktg, sales), vente nf par téléphone

television n (set), téléviseur nm; **on the TV**, à la télé (-vision)

telewriter n (comp), téléscripteur nm (recommended term)

telex n, télex nm; **telex machine** n, téléscripteur nm; **telex number** n, numéro nm de télex

telex vb, envoyer vb un télex

temporary employment (pers), travail nm/emploi nm intérimaire

tend vb **to ...**, avoir vb tendance à ...

tender n (of offer), soumission nf (d'offre); **invite** vb **tenders**, faire vb un appel d'offres, mettre vb en adjudication

tender vb (offer price), soumissionner vb, soumettre vb un prix

tentative adj, provisoire adj

terminal n, terminal nm

terminate vb **a contract**, résilier vb un contrat

terms npl, conditions nfpl; **terms of payment**, conditions de paiement

territory n (mktg, sales), territoire nm; **sales territory**, territoire nm

test n **1** (pers) test nm. **2** (trial of product) essai nm

test vb (pers), tester vb. **2** (products) essayer vb. **3** (performance of machines) faire vb des essais

think vb, penser vb, réfléchir vb

third party fire and theft (ins), ≈ assurance nf au tiers, vol et incendie

thorough adj (research, report etc), approfondi (-e) adj

threat n, menace nf

threaten vb, menacer vb

three times as high/low as ..., trois fois plus élevé (-e)/moins élevé (-e) que ...

threshold n, seuil nm

thriving adj, florissant (-e) adj

through bill of lading, connaissement nm direct

through train, train nm direct

tick vb (documents) cocher vb; **tick the appropriate box**, cocher la case correspondante

tick box n, case nf (à cocher)

ticket n (travel), billet nm. **2** (on goods etc) étiquette nf

tide n, marée nf; **high tide**, la marée haute; **low tide**, la marée basse

tidy vb **up ...**, mettre vb de l'ordre dans ...

tie vb **up** (capital, resources etc), immobiliser vb

tight adj **1** (gen) serré (-e) adj. **2** (law, regulation) strict (-e) adj

tighten vb **up**, resserrer vb

timber n, bois nm

time n, temps nm; **lead time**, délai nm de réalisation

timetable n, horaire nm

tin n (container), boîte nf en métal

tip *n* **1** (information, help) renseignement *nm*. **2** (end of something) extrémité *nm*. **3** (pile of waste) décharge *nf*. **4** (gratuity) pourboire *nm*

tip *vb* (eg load), déverser *vb*

title *n*, titre *nm*; **title deed**, titre *nm* de propriété

token ring network *n* (comp), réseau *nm* en anneau à jeton

tolerance *n*, tolérance *nf*

toll *n* (toll road), péage *nm*

tonnage *n*, tonnage *nm*

tool *n*, outil *nm*

top *n* **1** (best) meilleur (-e) *nm/f*. **2** (highest point, results) sommet *nm*. **3** (highest part of machine, building) haut *nm*. **4** (of container) couvercle *nm*

top, come *vb* **top of ...**, venir *vb* en tête de ...

top *vb* (beat), dépasser *vb*

total *n*, total *nm*; **total quality management** *n*, gestion *nf* de qualité totale

total *vb* **1** (the total is ...), s'élever à ..., se monter *vb* à ...; **it totals 373**, il se monte à 373. **2** (add up figures) faire *vb* le total (de)

tour *n* (eg of the factory), visite *nf* (de l'usine); **tour operator**, voyagiste *nm*

tourism *n*, tourisme *nm*

tow *vb*, remorquer *vb*

town *n*, ville *nf*

TPND, theft, pilferage, non-delivery (imp/exp), vol *nm*, maraude, non déliverance

TQM (pers), gestion *nf* de qualité totale

trackball *n* (comp), boule *nf* de commande (recommended term)

track record 1 (gen, pers, cv) expérience *nf*; **a good track** record in ..., une bonne expérience dans ...; **no track record in ...**, aucune expérience dans ... **2** (company results) résultats *nmpl*

trade *n* **1** (gen) métier *nm*; **trade union**, syndicat *nm*. **2** (≈ commercial activity) commerce *nm*; **foreign trade**, commerce *nm* extérieur; **trade balance**, balance *nf* commerciale; **trade day** (mktg, sales), journée *nf* réservée aux professionnels; **trade magazine**, journal *nm* professionnel; **trade mark**, marque *nf* déposée; **trade press**, presse *nf* professionnelle; **trade supplier**, fournisseur *nm* des professionnels

trade fair 1 (gen) foire-exposition *nf*. **2** (more than 150 stands) salon *nm*. **3** (more than 250) foire *nf* commerciale. **4** (trade visitors only) exposition *nf* interprofessionnelle. **trade show**, exposition *nf* interprofessionelle (recommended term)

trade *vb* **in ...**, faire *vb* le commerce de ...

trading account (fin), compte *nm* d'exploitation

trading estate, zone *nf* d'activités commerciales

trading profit *n* (fin), bénéfice *nm* d'exploitation

trading year (fin), exercice *nm* commercial

traffic lights *n*, feux *nmpl* de circulation

trailer *n* (t+d), remorque *nf*

training *n* (pers), formation *nf*; **training centre** (pers), centre *nm* de formation

transaction *n*, transaction *nf*

transferable *adj*, (fin, securities), cessible *adj*, négociable *adj*

transhipment *n* (t+d), transbordement *nm*

transit, in transit (t+d, ins), en cours d'acheminement

translation n (imp/exp), traduction nf

transmit vb (to / from), transmettre vb (à / de)

transparency n (OHP), transparent nm

transporter n (t+d), transporteur nm

travel n (mktg, sales), voyages nmpl

travel vb, voyager vb; **travel agency**, agence nf de voyage; **travel agent** n, agent nm de voyage; **travel expenses**, frais nmpl de déplacement; **travel insurance** (ins), assurance nf de voyage; **regular travel** (pers), déplacements nmpl fréquents

traveller's cheque, chèque nm de voyage

trend n, tendance nf

trial n 1 (law), procès nm. 2 (testing) **trial period**, période nf d'essai

trip n, voyage nm; **on a trip**, en voyage

triple vb, tripler vb

true adj, vrai (-e) adj

trust n, confiance nf

trust vb ..., faire vb confiance à ...

try vb, essayer vb

TT, telegraphic transfer (fin), versement nm télégraphique

TUC, Trades Union Congress, fédération nf des syndicats britanniques

turn vb **down a proposal/an offer**, rejeter vb une proposition/une offre

turn vb **on** (a machine), mettre vb en marche (une machine)

turnover n 1 (accounts) chiffre nm d'affaires. 2 (stock etc) rotation nf (des stocks)

twice as high/low as ... (figs), deux fois plus élevé (-e)/moins élevé (-e) que ...

type vb, taper vb, taper vb à la machine

typewriter n, machine nf à écrire

typist n, dactylo nf; **typist's chair** n, chaise nf de dactylo

tyre n, pneu nm

U

UK, United Kingdom, Royaume-Uni *nm*

ultimatum *n*, ultimatum *nm*

unadvisable *adj* (not wise), à déconseiller

unanimous *adj*, unanime *adj*

unanimously *adv*, à l'unanimité

unanswered, sans réponse; **remained unanswered**, resté (-e) *adj* sans réponse

unapproved *adj*, non approuvé (-e) *adj*

unauthorised *adj*, non autorisé (-e), (fait -e) sans autorisation *adj*

unavailable, to be *vb* **unavailable**, ne pas être disponible *adj*

unbranded *adj* (mktg, sales), marque *nf* du distributeur

unchanged *adj*, inchangé (-e) *adj*

unconditional *adj*, sans conditions

unconfirmed *adj*, non confirmé (-e) *adj*

uncorrected *adj*, non corrigé (-e) *adj*

undamaged *adj* (ins), sans avarie *adj*

undelivered *adj*, non livré (-e) *adj*

under *prep* (figures), au-dessous de *prep*; **under 15%**, au-dessous de 15%

under *prep* (position), sous *prep,* en dessous de; **under the terms of ...**, aux termes de ...

undercut *vb*, vendre *vb* moins cher (que), offrir *vb* un prix moins élevé (que); **undercut competitors**, vendre moins cher que les concurrents

underdeveloped countries, les pays en voie de développement

underestimate *vb*, sous-estimer *vb*

undersigned *adj*, soussigné (-e) *adj*; **I, the undersigned ..., declare ...**, Je, soussigné (-e) ..., déclare ...

understand *vb*, comprendre *vb*

understanding *n* **1** (gen) compréhension *nf*; **I am grateful for your understanding**, je vous remercie de votre compréhension. **2** (agreement) accord *nm*

undertake *vb* **to ...**, s'engager *vb* à ...

undervalue *vb*, sous-évaluer *vb*

underwrite *vb* **1** (gen) garantir *vb*. **2** (support idea) soutenir *vb*. **3** (finance) financer *vb*. **4** (ins, share risk) souscrire *vb*

uneconomical *adj*, peu rentable *adj*

unemployed *adj*, au chômage, sans emploi

unemployment *n*, chômage *nm*

uneven *adj* (results), irrégulier (-ère) *adj*

unexpected *adj*, inattendu (-e) *adj*

unfair *adj*, injuste *adj*; **unfair competition**, concurrence *nf* déloyale

unfavourable *adj* **1** (judgement against) défavorable *adj*. **2** (fin, in deficit) déficitaire *adj*

unforeseen *adj*, imprévu (-e) *adj*

uniform *adj*, uniforme *adj*

union *n*, syndicat *nm*; **union representative** (pers), délégué *nm* syndical

unit *n*, unité *nf*; **unit price**, prix unitaire; **unit trust** (fin), SICAV *nf*, Société *nf* d'Investissement à Capital Variable

unlawful *adj*, illégal (-e) *adj*

unlikely (that) *adj*, peu probable (que)

unload *vb* (t+d), décharger *vb*

unofficial *adj*, officieux (-se) *adj*

unpack *vb*, déballer *vb*

unpacking *n*, déballage *nm*

unpaid *adj* **1** (bills) impayé (-e) *adj*. **2** (eg charity work) bénévole *adj*; **unpaid work**, travail bénévole

unsaleable *adj*, invendable *adj*

unserviceable *adj*, inutilisable *adj*

unsold items, articles *nmpl* invendus, 'les invendus'

unsuitable *adj*, qui ne convient pas

untrue *adj*, inexact (-e) *adj*

unused *adj* (goods), non utilisé (-e) *adj*

up, to be *vb* **up 2%**, être *vb* en hausse de 2%; **to be 5000FF up**, être en hausse de 5000FF; **to go** *vb* **up**, monter *vb*; **up to ...** (50 000 FF), jusqu'à concurrence de ... (50 000 FF)

upgrade *vb*, améliorer *vb*, moderniser *vb*

upswing *n*, redressement *nm*

upturn *n*, reprise *nf*

upward trend, tendance *nf* à la hausse

urban *adj*, urbain (-e) *adj*

USA, United States of America, Etats-Unis *nmpl*

use *n*, utilisation *nf*

use *vb* (comp), utiliser *vb*

used *adj* (second-hand), d'occasion

user *n*, utilisateur *nm*; **user-friendly** *adj*, d'utilisation facile

USP, Unique Selling Proposition (mktg, sales), PEV, ≈ avantage unique du produit, Proposition Exclusive Vendeuse *nf* (recommended term)

usual *adj*, habituel (-le) *adj*

utility *n* (comp), programme *nm* utilitaire

vacancy *n*, poste *nm* vacant, poste *nm* à pourvoir

vacuum-sealed *adj*, scellé (-e) sous vide

valid *adj*, valide *adj*; **valuable** *adj*; **valid from ...**, valable à partir de ...

valuable *adj*, précieux (-se) *adj*

value *n*, valeur *nf*; **value for money**, rapport *nm* qualité-prix

value *vb* **1** (appreciate) apprécier *vb*. **2** (estimate the value) estimer *vb*

valued *adj* **at £5000**, estimé (-e) à £5000

van *n* (t+d), camionnette *nf*

variable *adj*, variable *adj*

variation *n*, variation *nf*

vary *vb* **1** (change something) modifier *vb*; **we can vary the contents according to the customer's needs**, nous pouvons modifier le contenu selon les besoins du client. **2** (subject to change) varier *vb*; **the price varies according to the season**, le prix varie selon la saison

VAT, Value Added Tax, taxe *nf* à la valeur ajoutée

VC, Vice Chairman, Vice-Président. *nm*

VCR, video cassette recorder, magnétoscope *nm*

vehicle *n*, véhicule *nm*

vending machine (drinks etc), distributeur *nm* automatique (de boissons)

vendor *n*, vendeur *nm*, vendeuse *nf*

Venn diagram, diagramme de Venn

venture capital, capital-risque *nm*

venue *n*, lieu *nm* de réunion

verbal *adj*, verbal (-e) *adj*

verify *vb*, vérifier *vb*

vessel *n* (t+d), navire *nm*

veto ... *vb*, opposer *vb* son véto à ...

VGA *n* (comp), VGA *nm*

via ..., en passant par ...

vice chairman (pers), vice-président (-e) *nm/f*

vice president (pers), vice-président (-e) *nm/f*

video *n* (film), vidéo *nf*

video *vb* **...**, faire *vb* une vidéo de ...

view *vb* **1** (eg property) examiner *vb*. **2** (eg film) visionner *vb*

view, in view of ..., étant donné . . . ; **in view of the cost of raw materials we** . . . étant donné le prix des matières premières

virus *n* (comp), virus *nm*; **virus protection**, protection *nf* contre les virus

visit *vb*, visiter *vb*

visitor *n*, visiteur *nm*

voluntary *adj* **1** (freely chosen) volontaire *adj*. **2** (unpaid) bénévole *adj*

vote *n*, voix *nf*

vote *vb*, voter *vb*

voucher *n* (can be exchanged for goods or service), bon *nm* d'échange

W

wage(s) *n* (pers), salaire *nm*; **wage freeze**, gel *nm* des salaires; **wage increase**, augmentation *nf* des salaires

wagon *n* (t+d), wagon *nm*

wait *n*, attente *nf*

wait *vb*, attendre *vb*; **wait for someone**, attendre quelqu'un

waiting room *n*, salle *nf* d'attente

waive *vb* (a right), renoncer *vb* à (un droit)

waiver *n* (ins), franchise *nf*

walkman *n* (mktg, sales), baladeur *nm* (recommended term)

walk-out *n*, débrayage *nm*

walk *vb* **out** (stop work), débrayer *vb*

walkway *n* (between exhibition stands), allée *nf*

wall chart *n* (offce), tableau *nm*, planning *nm*

want *vb*, désirer *vb*, vouloir *vb*

warehouse *n* entrepôt *nm*; **warehouse warrant**, warrant *nm*

warehouseman *n* (t+d), responsable *nm* d'entrepôt

warehousing *n* (t+d), entreposage *nm*

warn *vb*, avertir *vb*

warning *n*, avertissement *nm*

warrant *vb*, justifier *vb*

warranty *n*, garantie *nf*

waste *vb*, gaspiller *vb*

waterproof *adj* (imp/exp), étanche

adj

waterproof *vb*, imperméabiliser *vb*

waybill (imp/exp), lettre *nf* de voiture

weak *adj*, faible *adj*

weaken *vb*, affaiblir *vb*

week *n*, semaine *nf*

weekly *adj*, hebdomadaire *adj*; **weekly deliveries**, livraisons *nfpl* hebdomadaires; **weekly magazine**, hebdomadaire *nm*

weigh *vb*, peser *vb*

weight *n* (imp/exp), poids *nm*

weighted *adj* (calculations), pondéré (-e) *adj*; **weighted average**, moyenne *nf* pondérée

weld *vb*, souder *vb*

well under/over (gen, fin), bien au-dessous .../bien au-dessus ...

wet *adj* (t+d), mouillé (-e) *adj*

wharf *n*, quai *nm*

wheel *n*, roue *nf*

white goods (mktg, sales), appareils *nmpl* ménagers

whiteboard *n* (mktg, sales), tableau *nm* (blanc)

wholesale *adj* (mktg, sales), en gros; **wholesale price**, prix *nm* de gros

wholesaler *n* (mktg, sales), grossiste *nm*

wholly-owned subsidiary, filiale *nf* à 100%

wide selection of ..., gamme *nf* étendue de ...

widen *vb*, élargir *vb*

win *vb*, gagner *vb*

wind *vb* **up** (company), mettre *vb* en liquidation

withdraw *vb* **1** (money) retirer *vb*. **2** (person) se retirer *vb* (de)

without *prep* ..., sans ... *prep*

witness *n* (law), témoin *nm* (law);

eyewitness, témoin oculaire; **act vb as a witness** (law), se porter vb témoin

witness vb (law), témoigner vb

wood n, bois nm

wooden adj, en bois

wool n, laine nf

woollen adj, en laine

word n, mot nm

word vb (eg an agreement), formuler vb (eg un accord)

wordprocessing software (comp), logiciel nm de traitement de texte

work n, travail nm; **work in hand/work in progress** (accounts) produits en cours/travaux en cours; **work to rule**, grève nf du zèle

work experience (pers) **1** (gen cv's) expérience professionnelle. **2** stage nm d'entreprise (education)

work vb **1** (machines) marcher vb, fonctionner vb. **2** (gen, employees) travailler vb. **work for ...** (pers), travailler vb pour ...; **work to rule** (pers), faire vb la grève du zèle; **work under ...** (pers), travailler vb sous les ordres de ...

work out (something) calculer vb

workforce n (pers), effectif nm; **the company has a workforce of 1200**, la société a un effectif de 1200 personnes

working capital n (fin), fonds nmpl de roulement

working capital turnover (fin), rotation nf du fond de roulement net

working conditions (pers), conditions nfpl de travail

working day, jour nm ouvrable

works manager (pers), directeur nm d'usine

worldwide adj, mondial (-e) adj

worth n, valeur nf

worth, to be vb **worth**, valoir vb

worthwhile, to be vb **worthwhile**, qui en vaut la peine

WP 1 (comp) **wordprocessor**, machine nf à traitement de texte. **2.** (comp) **wordprocessing**, traitement nm de texte

WPA, wpa, with particular average (ins), avec avarie particulière

wrap vb, emballer vb

wrapped adj (imp/exp), emballé (-e) adj; **wrapped in wood wool**, emballé (-e) dans de la frisure

writ n (law), mandat nm

write-off n (ins), perte nf totale, perte nf sèche

write vb, écrire vb; **write a report**, rédiger vb un rapport; **write to someone**, écrire vb à quelqu'un

write vb **off 1** (accounts, progressively) amortir vb, amortir vb du capital. **2** (bad debt) défalquer vb (une mauvaise créance)

written off, be vb **written off** (accounts), être vb passé (-e) par pertes et profits

wrong, to be vb **wrong**, avoir vb tort; **wrong items** (gen, imp/exp), articles nmpl non commandés; **wrong price** (gen, imp/exp), prix nm incorrect

W/W, warehouse warrant (imp/exp), récépissé-warrant nm

X Y

X-ml, X-mll, ex-mill (imp/exp), départ *nm* usine

X-ship, ex-ship (imp/exp), au débarquement

x-stre, ex-store (imp/exp), disponible *adj*, départ magasin

x-whf, ex-wharf (imp/exp), franco à quai

x-whse, ex-warehouse (imp/exp), disponible *adj*, départ entrepôt

x-wks, ex-works (imp/exp), départ usine

yard *n* 1 (measurement) ≈ 0.914 metre. **2** (area outside factory buildings) cour *nf*

year *n*, année *nf*

yearly *adj* , annuel (-le) *adj*

yield *n* (fin), rendement *nm*

yield *vb*, rapporter *vb*

Yours faithfully, Je vous prie d'agréer, Monsieur/Madame, mes salutations distinguées

Yours sincerely, Je vous prie d'agréer, Monsieur/Madame, mes meilleurs sentiments

Z

zero fault (quality management),
zéro défaut, zéro faute